Callwey

In Liebe:
Für meine Kinder,
Joel und Annie
und für Mike und Chezzy
und für Sue,
deren Liebe und Unterstützung
dieses Buch erst ermöglichten

JOHN MORELAND

# PREISGEKRÖNTE GÄRTEN

## Die Gewinner der Chelsea Flower Show

CALLWEY

**Oben:** Dieser elegante moderne Garten ist ganz durchdrungen von Leben und Zeit des römischen Dichters Vergil; überall trifft man auf Zitate aus seiner Dichtung. Der römische Garten, ein Entwurf von Christopher Bradley-Hole, erfuhr durch die Auszeichnung *Best in Show* höchstes Lob.

Die Originalausgabe erschien im Frühjahr 2000 unter dem Titel
»Chelsea Gold – Award-Winning Gardens from the Chelsea Flower Show«
im Verlag Cassell & Co, Wellington House, 125 Strand, GB-London WC2R OBB.

Übersetzung aus dem Englischen von Claudia Arlinghaus, Münster


Streitfeldstraße 35, 81673 München
http://www.callwey.de
e-mail: buch@callwey.de



Die Deutsche Bibliothek – CIP-Einheitsaufnahme
Ein Titeldatensatz für diese Publikation ist bei der Deutschen Bibliothek erhältlich.

ISBN 3-7667-1441-4

Design: Peter Butler
Herausgeber: Maggie Ramsay
Satz der deutschen Ausgabe: Edith Mocker, Eichenau
Schutzumschlaggestaltung und Lithos: Longo, Bozen
Druck und Bindung: Printer, Trento

Printed in Italy 2000

# INHALT

# Einführung

Die Gartenausstellung der Royal Horticultural Society in Chelsea ist bei Gärtnern in aller Welt berühmt und gilt allgemein als die beste ihrer Art. Unter der Vielzahl der Attraktionen haben Besucher und Medien die Freiland-Schaugärten zum besonderen Liebling erkoren.

Diese Gärten entstehen aus dem Nichts in gerade einmal zwei Wochen, um fünf Tage lang dem Publikum offen zu stehen, dann verschwinden sie wieder! Das klingt vielleicht wie „Schnellgärtnerei", ist es jedoch bei weitem nicht. Ein Schaugarten für Chelsea erfordert viele Monate der Vorbereitung, manchmal bis zu zwei Jahre. Die Designer, die regelmäßig Gärten für Chelsea entwerfen, beginnen mit der Planung für das nächste Jahr, sobald die Tore der Ausstellung schließen. Sie reichen ihre Vorschläge beinahe zwölf Monate vor Schaubeginn ein, und es obliegt einem Auswahlkomitee, die lange Liste der Anträge auf etwa 25 für die zu vergebenden Parzellen zu beschränken.

Die Schaugärten werden bewertet, und jedes Jahr wird an eine ausgesuchte kleine Schar die hochbegehrte RHS-Goldmedaille verliehen. Obwohl eine große Besucherzahl die Gärten bewundern kann, scheint es doch tragisch, dass die prächtigen Kreationen derart kurzlebig sein müssen. Glücklicherweise bewahren viele der Sponsoren und Designer ihre preisgekrönten Entwürfe in Form von Plänen und ausgesuchten Bildern auf, die von einigen der besten Fotografen des Landes aufgenommen wurden. Dieses Buch fängt den Zauber einiger dieser Gärten ein und gewährt uns einen Einblick in den Schaffensprozess; es lässt uns an der Inspiration der Designer teilnehmen, die eine derart außergewöhnliche Vielfalt von Pflanzungen und Landschaften erstehen ließen. Von 1989 bis 1999 gab es 78 Goldmedaillen-Gewinner; unter ihnen habe ich diejenigen ausgewählt, welche die Vielfalt, den Ideenreichtum und die Begeisterung, die für die Chelsea Flower Show so charakteristisch sind, am erfolgreichsten repräsentieren.

So beeindruckend all diese Gärten sind, konzentrieren sich doch manche ganz offensichtlich auf das Machbare, während andere alles wagen, um das Publikum mit Theatralik und Esprit für sich einzunehmen. Man denke nur an die formalen Gärten der großen französischen Schlösser, die einzig als Bühne für Maskeraden und Tableaux geschaffen wurden. Ihre Inspiration fanden diese in den extravaganten Gärten der italienischen Renaissance: den spektakulären Brunnen und Grotten der Villa d'Este, dem „Wassertheater" der Villa Aldobrandini und anderen mehr. Die selben Gärten inspirierten die „Torheiten" des exzentrischen Engländers: Ruinen, Grotten und Tempel, die im Garten platziert wurden, um den überraschten Betrachter zu entzücken. Gärten dürfen aus mehr als nur Wegen, Beeten und Rasenflächen bestehen; hier sollte man Träume verwirklichen.

**Gegenüber:** Im Mittelpunkt des Dichtergartens von Bunny Guinness steht dieses Baumhaus mitsamt Burggraben – ein stiller Schlupfwinkel, der gewiss jedem Schriftsteller zur Inspiration dienen könnte.

# Ein Garten für den Kräuterkundigen

Das traditionelle Kräutergärtlein, von sauber gestutzten Buchsbaumhecken und Kiespfaden gesäumt, ist nichts für sie; die Designerin Bunny Guinness versetzt uns in eine Welt mittelalterlicher Kräuterkundiger und Drachen, in der ein ganzer Garten mit essbaren, aromatischen und heilkräftigen Kräutern bepflanzt ist.

Das Grundstück steigt im hinteren Teil an, und die Gartengestalterin macht sich die Höhenunterschiede zunutze, um zwei getrennte Bereiche zu schaffen, von denen einer Ausblick über den anderen gewährt. Im Mittelpunkt des unteren Bereiches badet ein Drachenjunges in einem runden Wasserbecken; zwei riesige Drachen halten über ihm Wache – stört man sie auf, quillt Rauch aus ihren Nüstern. Die Drachenköpfe wurden von dem Steinmetz Mark Porter, der für sämtliche Steinarbeiten in diesem Garten verantwortlich war, in annähernd zweiwöchiger Arbeit aus einem einzigen, nahezu zwei Tonnen wiegenden Quader Muschelkalkstein gefertigt. Sie wurden auf einem großen Sattelschlepper zum Ausstellungsgelände transportiert und mussten behutsam mit einem Kran in Position gebracht werden.

Zu beiden Seiten schwingt sich von den Drachenköpfen eine runde Steintreppe empor, bewehrt mit steinernen Zacken auf den rundlichen Leibern der Drachen. Sie bilden die äußere Begrenzung des Gartens und bestehen aus großen

Wällen, die von Kamille bedeckt sind; auf sie fiel die Wahl wegen ihres wundervollen Sommerduftes und weil sie sich leicht zurechtstutzen lässt. Ein Steinsitz auf halber Höhe lädt zum Verweilen ein.

Entlang der inneren Treppenwange sind die Stufen von Terrakotta-Töpfen gesäumt, die mit einer Vielzahl von Heil- und Küchenkräutern gefüllt sind. Oben angelangt, entdeckt der Besucher ein hübsches Plätzchen vor dem Hintergrund einer aufgelockerten Waldlandschaft, ideal für ein Picknick oder auch nur für etwas Entspannung an einem warmen Sommertag, eingehüllt in die Düfte aus dem tiefer gelegenen Garten.

Von den geschwungenen Treppen umfangen, findet sich im unteren Gartenbereich ein weiterer Freisitz; hier stehen sich zwei Steinbänke beiderseits eines Schachbrettmusters aus Steinplatten und quadratischen Thymiankissen gegenüber. Im Herzen dieses Bereiches flankieren zwei reich beladene Zitrusbäume in Terrakotta-Gefäßen einen mittelalterlichen Torbogen. Hinter den massiven Türflügeln befindet sich das private Reich des Kräuterkundigen: das *Trompe-l'Œil* des Künstlers Martin Rodgers lässt uns in sein Heiligtum blicken, samt Mörser und Stößel, zum Trocknen aufgehängter Kräuterbündel, Gefäßen voller Heilmittel und eines zahmen Drachens!

**Oben:** Der riesige Drachenkopf bildet einen effektvollen Hintergrund für die Pompons des Zierlauchs *Allium aflatunense* 'Purple Sensation', die über Wogen von Italienischem Sonnengold *(Helichrysum italicum)* und Rosmarin-Heiligenkraut *(Santolina rosmarinifolia)* tanzen. Dahinter die halb geöffnete alte Eichentür, die den neugierigen Besucher in das Allerheiligste des Kräuterkundigen einlädt – oder, wenn man so will, in den Geräteschuppen!
**Gegenüber, oben:** Zwei gewaltige steinerne Drachen bewachen ihren badenden Nachwuchs.
**Gegenüber:** Eine mit Symbolen verzierte Steinbank ist in eine aromatisch nach Kamille duftende Böschung eingelassen; die Spielart 'Roseum' des Gemeinen Schneeballs *(Viburnum opulums)* im Hintergrund verstärkt die entspannende Wirkung.

**Oben:** Quadrate von niedrig wachsendem kissenbildendem Sandthymian *(Thymus serpyllum* 'Minimus') wechseln sich mit Steinplatten ab und füllen den Innenhof auf Schritt und Tritt mit Wohlgeruch.
**Gegenüber:** Ein bezauberndes Wandgemälde in *Trompe-l'Œil*-Technik setzt dem Herzstück des Gartens ein magisches i-Tüpfelchen auf. Den Steinbogen flankieren junge Feigenbäumchen.

Die überwältigende Vielfalt der Kräuterpflanzen wird durch weitere Staudengewächse ergänzt. Leuchtend orangefarbene Tulpen und violette Lauchkugeln tanzen über den sanfteren Farbtönen der duftenden Wogen von Lavendel und Heiligenkraut.

Viel zu häufig werden Kräuter in einen kleinen Gartenbereich verbannt, wo dann etwa ein halbes Dutzend Arten hinter einer gestutzten Buchshecke eingepfercht sind. Wie viel spannender ist es aber, den Garten ganz den Kräutern zu widmen, die nicht nur um ihrer kulinarischen Vorzüge willen gezogen werden, sondern auch wegen ihres Duftes, ihrer Heilkräfte oder einfach wegen ihres attraktiven Aussehens. In solch einem Garten lässt sich der große Artenreichtum erhältlicher Kräuterpflanzen erkunden, der wilden wie auch der Zuchtformen.

Die Heilkräuterkultur existiert seit vielen tausend Jahren, beginnend mit den frühen Dynastien Chinas und den Zivilisationen des Mittleren Ostens. Griechen und Römer trugen einen großen Wissensschatz an Kräuterkunde zusammen, und obgleich ein großer Teil des Schriftmaterials während des frühen Mittelalters verloren ging, wurde die Tradition in Klostergemeinschaften fortgeführt. Im Mittelalter brachten die Kreuzfahrer erneut Kräuterwissen aus dem Nahen Osten mit, und die Klöster trugen wesentlich dazu bei, die Heilkräfte der Kräuter ebenso wie ihren kulinarischen Einsatz zu erforschen. Kräuter wirken appetit- und verdauungsanregend und geben dem Essen eine würzige Note. Außerdem hat man festgestellt, dass eine ganze Reihe von Kräutern über antibiotische Eigenschaften verfügen; sie spielten also eine aktive Rolle bei der Konservierung von Lebensmitteln.

Die ersten „Arznei-“ oder Heilgärten wurden während der Renaissance in Italien angelegt; zu dieser Zeit verloren die Religionsgemeinschaften ihren Alleinanspruch auf Gelehrsamkeit, nach der jetzt auch Forscher und Apotheker strebten. Der *Chelsea Physic Garden* in London, 1673 von der „Society of Apothecaries“ gegründet, blüht und gedeiht noch heute. „Arznei“gärten spielten eine Hauptrolle in der sich entfaltenden Kräuterkunde. Der berühmte Astrologe und Arzt des siebzehnten Jahrhunderts Nicholas Culpeper beschrieb über 400 Pflanzen in seinem *Complete Herbal*, von denen er die meisten aufgrund ihrer medizinischen Eigenschaften aufführte.

**Oben:** Auf den Treppenstufen sind Terrakotta-Töpfe aufgereiht, die von leuchtenden Tulpen und aromatischen und heilkräftigen Kräutern geradezu überquellen – im Vordergrund die panaschierte Ananasminze *Mentha suaveolens* 'Variegata'.
**Gegenüber:** In dem Flickenteppich aus grünen, silbergrauen und violetten Pflanzen finden sich unter anderem purpurblättriger Wunderbaum (*Ricinus communis* 'Impala'), Schopflavendel (*Lavandula stoechas*), Schnittlauch, Schwarznessel (*Perilla frutescens* var. *crispa*), Wermut (*Artemisia absinthium*), zu Kugeln gestutzter Buchs (*Buxus sempervirens*) und Lavendel (*Lavandula angustifolia* 'Hidcote').

*Ajuga reptans* 'Catlin's Giant' (Kriechender Günsel)
*Alchemilla mollis* (Frauenmantel)
*Allium aflatunense* 'Purple Sensation' (syn. *Allium hollandicum*, Zierlauch)
*Allium schoenoprasum* (Schnittlauch)
*Aloe vera* (Aloe)
*Aloysia triphylla* (Zitronenstrauch)
*Anethum graveolens* (Echter Dill)
*Angelica archangelica* (Echte Engelwurz)
*Armeria maritima* (Gewöhnliche Grasnelke)
*Armoracia rusticana* 'Variegata' (panaschierter Meerrettich)
*Arnica montana* (Arnika, Bergwohlverleih)
*Artemisia absinthium* (Wermut);
*Artemisia caucasica* (Edelraute);
*Artemisia ludoviciana; Artemisia* 'Powis Castle'
*Bryonia dioica* (Rotbeerige Zaunrübe)
*Buxus sempervirens* (Buchsbaum)
*Calendula officinalis* 'Prolifera' (Garten-Ringelblume)
*Carum carvi* (Wiesenkümmel)
*Chamaemelum nobile* 'Treneague' (Römische Kamille)
*Citrus* (Orange)
*Cucurbita maxima* (Riesen-, Speisekürbis)
*Cynara cardunculus* Scolymus-Gruppe (Spanische Artischocke, Kardy)
*Digitalis purpurea* (Roter Fingerhut)
*Dryopteris affinis* (Goldschuppenfarn)
*Dryopteris filix-mas* (Wurmfarn)
*Equisetum arvense* (Ackerschachtelhalm)
*Eriobotrya japonica* (Japanmispel)
Erysimum cheiri (Goldlack)
*Erysimum hieraciifolium* (syn. *Cheiranthus* × *allionii*, Sibirischer Goldlack)
*Ficus carica* (Feige)
*Filipendula ulmaria* 'Aurea' (Mädesüß)
*Foeniculum vulgare* 'Purpureum' (Fenchel)
*Hedera helix* (Efeu)
*Helichrysum italicum* (Italienisches Sonnengold, Strohblume)
*Heracleum sphondyleum* (Wiesen-Bärenklau)
*Humulus lupulus* 'Aureus' (goldblättriger Hopfen)
*Hyssopus officinalis* (Ysop)
*Ilex aquifolium* (Gewöhnliche Stechpalme)
*Iris sibirica* (Sibirische Schwertlilie)
*Laurus nobilis* (Lorbeer)
*Lavandula angustifolia* 'Hidcote' (syn. *Lavandula officinalis*, Lavendel)
*Lavandula* × *intermedia* (Lavendel)
*Lavandula stoechas* (Schopflavendel)
*Levisticum officinale* (Liebstöckel)
*Lilium candidum* (Madonnenlilie)
*Lonicera japonica* 'Halliana' (Geißblatt)
*Luma chequen* (syn. *Myrtus chequen*, Myrte)
*Macleaya cordata* (Federmohn)
*Melissa officinalis* 'Aurea' (goldene Zitronenmelisse)
*Mentha spicata* 'Crispa' (Grüne Minze, Ährenminze)
*Mentha suaveolens* 'Variegata' (Ananasminze)
*Myrrhis odorata* (Süßdolde, Myrrhenkerbel)
*Ocimum basilicum* var. *purpurascens* (Purpurbasilikum)
*Origanum vulgare* 'Aureum' (goldblättriger Oregano)
*Pelargonium quercifolium* (Efeupelargonie)
*Perilla frutescens* var. *crispa* (syn. *Perilla frutescens* 'Nankinensis', Schwarznessel)
*Petroselinum crispum* (Petersilie)
*Plantago major* 'Rubrifolia' (Purpurwegerisch)
*Polemonium caeruleum* (Jakobsleiter)
*Primula veris* (Echte Schlüsselblume)
*Primula vulgaris* (Kissenprimel)
*Prostanthera cuneata* (Australische Minze)
*Pulmonaria officinalis* 'Sissinghurst White' (Echtes Lungenkraut)
*Ricinus communis* 'Impala' (Afrikanischer Wunderbaum, Palma Christi)
*Rosa canina* (Hundsrose); *Rosa* 'Evelyn'; *Rosa* 'Phyllis Bide'
*Rosmarinus officinalis* 'Miss Jessopp's Upright' (Rosmarin)
*Ruta graveolens* 'Jackman's Blue' (blaue Weinraute)
*Sagina subulata (Sternmoos)*
*Salvia officinalis* Purpurascens-Gruppe (violetter Gartensalbei)
*Santolina rosmarinifolia* (Rosmarin-Heiligenkraut)
*Sempervivum tectorum* (Echte Hauswurz)
*Tanacetum vulgare* var. *crispum* (Rainfarn); *Tanacetum vulgare* 'Silver Lace'
*Taxus baccata* (Eibe)
*Teucrium* × *lucidrys* (Gamander)
*Thymus* × *citriodorus* 'Aureus' (goldener Zitronenthymian);
*Thymus* × *citriodorus* 'Silver Queen' (Zitronenthymian);
*Thymus* 'Porlock' (Thymian)
*Thymus serpyllum* 'Minimus' (Sand-Thymian); *Thymus vulgaris* 'Silver Posie' (echter Garten-Thymian)
*Tropaeolum majus* 'Peach Melba' (Große Kapuzinerkresse)
*Tulips* (Tulpe)
*Viburnum opulus* 'Roseum' (Gemeiner Schneeball)
*Viola odorata* (Wohlriechendes Veilchen, Märzveilchen)
*Viola tricolor* (Wildes Stiefmütterchen)

# Ein Häuschen in Neuengland

**Oben:** Die Lilien bei Mayflower Cottage ziehen gewiss zuerst alle Blicke auf sich!
**Gegenüber:** Der Ziegelpfad wird von ungeschnittenem Buchsbaum *Buxus* 'Green Velvet' gesäumt, dazwischen Storchschnabel, Veilchen, Frauenmantel (*Alchemilla mollis*) und die blassen Blütenähren von *Veronica gentianoides* 'Tissington White'.

Fiona Lawrenson begeistert sich ganz besonders für die Architektur der Neuengland-Staaten. Eine Freundin, aus dem Urlaub in Nantucket zurückgekehrt, schenkte ihr ein reich bebildertes Buch voll wunderschöner Fotografien der regionaltypischen Cottages. Die adretten, wohl gepflegten und doch leicht exzentrischen Gärten fielen ihr besonders ins Auge und ließen den Gedanken aufkeimen, einen solchen Garten nachzubilden, mit dem Haus als Kulisse.

Und siehe da, hier ist sie, die perfekte Reproduktion des Neuengland-Stils, mit einer wunderbar verblichenen stülpverschalten Hausfront und original amerikanischen, dicken Zedernschindeln auf dem Dach. Die Veranda, von duftenden Kletterrosen umrankt, bildet ein einladendes Bindeglied zwischen Haus und Garten. Dieser gemütliche Ort ist das perfekte Plätzchen, an dem man sich niederlassen möchte, um die Welt vorüberziehen zu lassen.

Fiona hatte beobachtet, dass die Gärten in ihrer sauberen Umfriedung aus Staketenzäunen zwar traditionell angelegt sind, sich auf den zweiten Blick jedoch als wesentlich komplexer und origineller entpuppen. Die Bepflanzung besteht aus einer bezaubernden und ein wenig kapriziösen Mischung von Stauden, Einjährigen, Sträuchern und Rosen. Spontaneität, Eigenwilligkeit und alt-

MAYFLOWER

**Oben:** Die Schneeballblüten von *Viburnum opulus* 'Roseum' und die Blütenkugeln der Pfingstrosen *Paeonia* 'Scarlett O'Hara' (vorn) und *P.* 'Buckeye Belle' nehmen die Farben der weißen Lilien und ihrer tiefrosa Cousine 'Acapulco' wieder auf.

**Gegenüber:** Im Schutz einer Hecke aus Hemlockstannen (*Tsuga heterophylla*) überblickt eine rustikale Bank den Garten; zu ihren Füßen eine Zinkwanne mit leuchtend roten Pelargonien 'Boogy'.

bewährte Schlichtheit machen ihren Charme aus. Ein Beispiel der Komplexität findet sich in der Art, wie die kleinen Buchsbäume entlang des Hauptweges von der Heckenschere verschont geblieben und einfach mit der Hand ausgeknipst wurden, was ihr Erscheinungsbild viel lockerer und weicher macht.

In wenigen Gärten hängt so viel von den Pflanzen ab wie im Cottage-Garten. Da Stauden der Vorzug gegeben wird, besteht die Kunst darin, die Pflanzen so auszuwählen, dass sie im Frühjahr wie im Sommer für einen ununterbrochen duftenden Farbreigen sorgen. Hier finden sich daher früh blühender Fingerhut und Tränende Herzen, duftende Lilien in Gruppen (u.a. *Lilium longiflorum, Lilium lancifolium und Lilium* 'Buff Pixie'), Ziertabakarten und Storchschnabel (*Geranium pratense* 'Mrs Kendall Clark', *G. clarkei* 'Kashmir White' und 'Kashmir Purple'). Dazu gesellen sich reichblühende Strauchrosen mit ihrem Wohlgeruch und ihren

Farben, wie *Rosa* 'Roseraie de l'Haÿ' mit dem Rotpurpur ihrer Blüten, hervorgehoben durch das gedämpfte Apricot der Rose 'Buff Beauty'. Wählt man blühende Sträucher mit Bedacht, so können auch diese ganzjährig reizvoll sein. Neben dem immergrünen Buchsbaum finden sich in diesem Garten Blaubeerbüsche (*Vaccinium corymbosum*), deren Büschel blass rosafarbener Blütenglöckchen später süße, essbare, blau bereifte Beeren hervorbringen. Manche der Pflanzen mögen empfindlich wirken, doch sind sie überraschend robust und widerstehen den Wetterextremen Neuenglands. Gemäß der Gärtnerdevise: „Was in Neuengland wächst, wächst so ziemlich überall ..." dürften sie auch in unseren Breiten Bestand haben.

Auf den Pfaden zwischen den vier quadratischen Beeten wurden alte rote Ziegelsteinen abwechselnd im Fischgrät- und im klassischen Blockverbund verlegt und offen verfugt. Der Hauptweg verbindet die Eingangspforte und die Veranda; der ihn kreuzende Pfad führt zu einer Nebenpforte und endet auf der gegenüber liegenden Seite bei einer rustikalen Bank, die im Schutz einer nur leicht beschnittenen Hecke aus Westlichen Hemlockstannen (*Tsuga heterophylla*) steht.

Zuallererst schien sich dieser Schaugarten zu einem rechten Desaster zu entwickeln. Um sicher zu gehen, dass jegliches größere Problem frühzeitig korrigiert werden konnte, und damit ein jeder seine Aufgabe genau kannte, war die Errichtung der Hausfassade anderenorts einem erfolgreichen Probelauf unterzogen worden. Das Gebäude wurde dann auch ganz nach Plan auf dem Ausstellungsgelände errichtet. Doch kurz bevor es vollendet war, erhob sich ein Sturmwind aus dem Nichts, und das Bauwerk brach wie in einer Szene aus einem Buster Keaton-Film zusammen. Unglücklicherweise saßen hier aber zwei Menschen darunter fest; sie wurden ins Krankenhaus gebracht, hatten jedoch keine ernsthaften Verletzungen erlitten. Sogleich richtete man die Fassade ein zweites Mal auf, und der Garten wurde sogar noch frühzeitig fertig.

**Bäume und Sträucher**

*Buxus* 'Green Velvet' (Buchsbaum)
*Syringa vulgaris* 'Andenken an Ludwig Späth' (Garten-Flieder)
*Tsuga heterophylla* (Westliche Hemlockstanne)
*Vaccinium corymbosum* (Kultur-Heidelbeere, Amerikanische Blaubeere)
*Viburnum opulus* 'Roseum' (Gemeiner Schneeball)

**Stauden und Sträucher**

*Allium christophii* (Sternkugellauch)
*Aquilegia vulgaris* (Gemeine Akelei)
*Centaurea major* (Flockenblume)
*Clematis viticella* (Italienische Waldrebe)
*Delphiniums* (Rittersporn)
*Dicentra spectabilis* 'Alba' (Tränendes Herz)
*Erysimum* 'Bowles' Mauve' (Schöterich)
*Geranium clarkei* 'Kashmir Purple', 'Kashmir White'
*Geranium* × *oxonianum* (Storchschnabel); *Geranium pratense* 'Mrs Kendall Clark' (Wiesenstorchschnabel); *Geranium sanguineum* (Blutroter Storchschnabel)
*Hosta* 'Francee' (Funkie): *Hosta* 'Frances Williams'
*Heuchera micrantha* 'Palace Purple' (Purpurglöckchen)
*Lilium* 'Acapulco'; *Lilium* 'Buff Pixie'; *Lilium lancifolium* var. *splendens* (Tigerlilie); *Lilium longiflorum* (Osterlilie)
*Nepeta* 'Six Hills Giant' (Katzenminze)
*Paeonia* 'Buckeye Belle' (Pfingstrose); *Paeonia* 'Scarlett O'Hara'
*Pelargonium* 'Boogy' (Pelargonie)
*Phlox divaricata* 'White Perfume' (Polsterphlox)
*Rosa* 'Bobbie James'; *Rosa* 'Boule de Neige'; *Rosa* 'Buff Beauty'; *Rosa gallica* 'Versicolor' (Französische Rose); *Rosa* 'Roseraie de l'Haÿ'
*Veronica gentianoides* 'Tissington White' (Veronica)
*Viola cornuta* 'Alba' (Hornveilchen)
*Viola* 'Fiona Lawrenson' (Veilchen); *Viola* 'Molly Sanderson'

**Einjährige**

*Centaurea cyanus (Kornblume)*
*Cosmos* 'Sensation' (Kosmee, Schmuckkörbchen)
*Nicotiana* 'Lime Green' (Ziertabak)

# DER GARTEN DES GOLDENEN BUCHES

**Gegenüber:** Im Mittelpunkt dieser heiteren Anlage erhebt sich ein schlichtes und doch imposantes Marmorstandbild, das sich in der glatten Wasseroberfläche spiegelt. Obwohl die Pflanzen unter den Palmen dem heißen Wüstenklima entstammen, können sie sich auch in geschützten Gärten eingewöhnen, die weitaus kühler sind als ihre heimatlichen Gefilde.

Eine Oase der Ruhe, entworfen für Seine Hoheit Scheich Zayed Bin Sultan Al-Nahyan, Präsident der Vereinigten Arabischen Emirate. Seine Hoheit, ein zutiefst philosophischer Mann, ist überzeugt, dass im Gartenbau die Barrieren zwischen Völkern und Religionen fallen; dies macht ihn zum idealen Botschafter des Weltfriedens. Die Inspiration für diesen Garten, entworfen von Charles Funke, entstammt einem Gedicht aus dem 18. Jahrhundert: Ein Prophet erblickt bei Mondschein einen Engel, der in einem goldenen Buch schreibt. Hier ist das Buch eine schwarze Granitplatte mit einer Inschrift in Blattgold, eingelegt in weißen Carrara-Marmor, einen massiven Block von drei mal zwei Metern. Ein 11,5 Meter langes Wasserbecken, umrahmt von Stufen aus weißem Portland-Stein, reflektiert das Spiegelbild. Trittsteine trennen den unteren Bereich ab, wo Seerosen die glatte Wasseroberfläche beleben (*Nymphaea* 'René Gérard').

Zwölf imposante Dattelpalmen (*Phoenix dactylifera*) bilden den Rahmen für diese Gartenanlage und vermitteln ein Gefühl der Abgeschiedenheit; magische Sonnenstrahlen dringen durch ihre sanft sich wiegenden Blattwedel. Die Palmen entstammen dem Privatgarten des Scheichs in Abu Dhabi; über viele Monate waren sie auf den Transport vorbereitet worden, bis sie schließlich wenige Wochen vor der Gartenschau nach England geflogen wurden. Die Freiräume zwischen den hoch aufragenden Palmenstämmen füllen süß duftende Orangenbäume (*Citrus sinensis*), Fächerpalmen (*Trachycarpus fortunei*) und ganz unten borstige Kissen aus Schwingelgras (*Festuca gautieri*).

# Der Olivenhain

**Oben:** Terrakotta-Gefäße, die mit solch tektonischen Pflanzen wie dieser Agave bepflanzt sind, verleihen jedem Garten, ob groß oder klein, ein ausgesprochen mediterranes Flair.

Man sagt, das Auge der Kamera lasse sich nicht täuschen, doch betrachtet man diese Fotos, mag man kaum glauben, dass sie nicht an einem Garten irgendwo in Südfrankreich oder Italien aufgenommen wurden, an einem Berghang in jenem besonderen Licht des Mittelmeerraumes. Und doch ist es Mitte Mai, wir befinden uns mitten in London, und der Garten ist in kaum mehr als zwei Wochen aus dem Boden gewachsen.

Die zwei Elemente, die für diese Illusion hauptverantwortlich sind, sind natürlich die charakteristischen, bleistiftdünnen Säulenzypressen (*Cupressus sempervirens*) und die wunderbaren Olivenbäume (*Olea europaea*). Letztere vermitteln mit ihren knorrigen, krummen Ästen den Eindruck, als befinde sich der Garten in einem verlassenen Olivenhain.

Und tatsächlich war es der Wunsch des Designers Mark Anthony Walker, die Vorstellung hohen Alters heraufzubeschwören, indem er einen uralten Olivenhain nachempfand. Das Gefühl verstrichener Zeit wird noch dadurch verstärkt,

dass er „später“ hinzugekommene Gartenelemente einbezieht, wie Trockenmauern, Stufen und Wasserelemente, die in den Hang gesetzt sind und einen unsichtbaren Gärtner in der Nähe vermuten lassen.

Der Entwurf entwickelte sich äußerst organisch: Kein festes Layout, kein Pflanzplan existierten vor der Ausstellung, und über die Pflanzungen selbst wurden zum großen Teil erst während der Errichtung zwanglose Entscheidungen gefällt. Das Muster der Pfade und die Symmetrie des versunkenen Gartens stehen in gewolltem Kontrast zu der organischen Anordnung der Mauern und der Olivenbäume und Zypressen darüber.

Der Garten befindet sich in einer Eckparzelle und kann von zwei Seiten betrachtet werden. Am einen Ende steigt man über zwei roh behauene Steinstufen zu einem Pfad empor, der mit traditionellem Kieselsteinpflaster belegt ist: Kleine Kiesel sind alle in einer Richtung verlegt, um den Blick vorwärts zu ziehen. Eine schmale Steinkante bildet den Randabschluss und ein Saum aus

**Oben:** Ein riesiges Olivengefäß liegt vergessen inmitten einer üppigen Pflanzung von Wildblumen, Kulturpflanzen und Gräsern.

weichen Lavendelbüschen (*Lavandula multifida*) zu beiden Seiten parfümiert die Luft beim Vorübergehen.

Abseits des Weges liegt ein alter Olivenkrug vergessen auf der Seite, inmitten einer bunten Mischung von wilden Gräsern, Iris und roter Spornblume (*Centranthus ruber*); diese verwildernde, ausdauernde Staude toleriert trockene Situationen ausgezeichnet und ist daher ideal für einen frei liegenden Sonnenplatz geeignet.

Der Pfad führt uns weiter zwischen die Olivenbäume, die mit verschiedenen sonnenhungrigen Gewächsen unterpflanzt sind, darunter mehrere Sorten Teestrauch (*Leptospermum*), hoch geschätzt wegen seiner unzähligen Blütenjuwele und aromatischen Blätter. Noch intensivere Farben steuern die leuchtenden Blütenteller der Kosmee bei, deren fein gefiedertes Grün die spitzen Blätter und scharlachroten Bürstenköpfe des Zylinderputzers (*Callistemon citrinus* 'Splendens', im Bild Seite 22 ganz rechts) ergänzt.

Von der anderen Gartenseite blickt man auf die Stelle, an welcher der Pfad schließlich über eine Reihe breiter Steinstufen in einen kleinen versunkenen Garten hinabführt, in dessen Mittelpunkt ein schlichtes rundes Wasserbecken steht. Ein kompliziertes, handgesetztes Kieselornament rahmt das Becken ein, und schmale Beete mit jungen Schmucklilien bilden den Abschluss vor der niedrigen Trockenmauer, die diesen Platz umgibt.

In diese Mauer eingefügt ist das kleine, von Fiona Barratt aus Sandstein gearbeitete Gesicht eines Wasser speienden Neptuns, den ein zarter Japanischer Palmfarn (*Cycas revoluta*) krönt. Eine Vielzahl sonnenliebender Pflanzen breitet

**Gegenüber:** Eine Fülle sonnenhungriger, zum mediterranen Stil passender Pflanzen trägt zu dem außergewöhnlichen Ambiente dieses Gartens bei.

### Kletterpflanzen
*Actinidia sinensis*, syn. *A. deliciosa* (Kiwi)
*Rosa* 'Cécile Brünner'

### Sträucher
*Abutilon vitifolium* 'Tennant's White' (Schönmalve)
*Acca sellowiana* (syn. *Feijoa sellowiana*)
*Callistemon citrinus* 'Splendens' (Schönfaden, Zylinderputzer)
*Ceanothus griseus* 'Yankee Point' (Säckelblume)
*Chamaerops excelsa* (Fächerpalme)
*Choisya ternata* 'Sundance' (Orangenblume)
*Cistus* × *corbariensis* (Zistrose); *Cistus* × *pulverulentus* 'Sunset'; *Cistus* × *purpureus*
*Cycas revoluta* (Japanischer Palmfarn)
*Elaeagnus* × *ebbingei* (Ölweide)
*Fremontodendron californicum* (Fremontodendron)
*Halimium umbellatum* (Doldige Salzmelde)
*Lavandula angustifolia* 'Hidcote' (Echter Lavendel)
*Lavandula multifida* (Fiederblättriger Lavendel)
*Metrosideros excelsus* (Neuseeländischer Eisenholzbaum)
*Olearia macrodonta* (Baum-Aster)
*Perovskia* 'Blue Spire' (Blauraute, Silberbusch)
*Phormium tenax purpureum* (Neuseeländischer Flachs)
*Pinus sylvestris* (Föhre)
*Pittosporum tobira* 'Nanum' (Pechsamenstrauch, Chin. Klebsame); *Pittosporum tobira* 'Variegatum'
*Rosmarinus officinalis* sp. (Rosmarin in Sorten)
*Ruscus aculeatus* (Stechender Mäusedorn)
*Teucrium fruticans* 'Azureum' (Strauchiger Gamander)
*Wisteria sinensis* 'Alba' (Chinesische Glyzine)

### Stauden und Mauerpflanzen
*Acanthus spinosus* (Dorniger Akanthus)
*Achillea filipendulina* 'Gold Plate' (Schafgarbe)
*Agapanthus africanus* (Schmucklilie)
*Agave americana* (Amerikanische Agave)
*Armeria maritima* 'Corsica' (Grasnelke)
*Ballota pseudodictamnus* (Gottvergess)
*Clematis florida* 'Sieboldii' (Waldrebe)
*Dianthus* 'Garland' (Nelke)
*Echinops bannaticus* 'Taplow Blue' (Kugeldistel)
*Echium fastuosum* (Natterkopf)
*Euphorbia amygdaloides* subsp. *robbiae* (Mandelblättrige Wolfsmilch)
*Euphorbia myrsinites* (Blaugrüne Wolfsmilch, Myrten-Wolfsmilch); *Euphorbia polychroma* (Goldwolfsmilch); *Euphorbia characias* subsp. *wulfenii* (Palisaden-Wolfsmilch)
*Gentiana verna* (Frühlingsenzian)
*Geranium macrorrhizum* 'Ingerwersen's Variety' (Felsen-Storchschnabel)
*Gypsophila paniculata* (Stauden-Schleierkraut)
*Helianthemum* 'Ben Fhada' (Sonnenröschen); *Helianthemum* 'Red Dragon'; *Helianthemum* 'Wisley Primrose'
*Iris sibirica* (Sibirische Iris)
*Lathyrus latifolius* 'White Pearl' (Staudenwicke)
*Nepeta* × *faassenii* (Katzenminze)
*Rhodiola rosea* syn. *Sedum rosea* (Rosenwurz)
*Salvia* × *sylvestris* 'Lye End' (Salbei)

### Sommerblumen
*Helichrysum petiolare* (Strohblume)
*Pelargonium* sp. (Geranien in Sorten)
*Osteospermum* (Kapkörbchen in Sorten)

### Wildblumen
*Adonis aestivalis* (Sommer-Adonisröschen)
*Borago officinalis* (Borretsch)
*Centranthus ruber* (Rote Spornblume)
*Chrysanthemum segetum* (Saat-Wucherblume)
*Echium vulgare* (Blauer Natternkopf)
*Glaucium flavum* (Gelber Hornmohn)
*Helianthemum nummularium* (Gemeinsames Sonnenröschen)
*Lupinus arboreus* (Baumlupine)
*Origanum vulgare* (Wilder Majoran)
*Papaver rhoeas* (Klatschmohn)
*Silene uniflora* (Leimkraut)
*Verbascum thapsus* (Kleinblütige Königskerze)
*Verbena officinalis* (Gewöhnliches Eisenkraut)

### Gräser
*Ammophila arenaria* (Strandhafer)
*Briza media* (Mittleres Zittergras)
*Festuca glauca* (Blauschwingelgras)
*Lagurus ovatus* (Samtgras, Hasenschwänzchen)

sich an und auf der Mauer aus; den Hintergrund bilden Wogen von Schleierkraut, während sich Massen von Kapkörbchen (*Osteospermum*) über die Kanten ergießen.

Überall im Garten verteilt entdeckt man abwechslungsreich verzierte Terrakotta-Gefäße, welche aus der Werkstatt der Keramikerin Jane Hogben stammen. Manche sind selbst das dekorative Element, andere sind mit unterschiedlichen Pflanzen gefüllt, darunter große in Form geschnittene Lorbeerstämme, Palmfarne und Agaven. Die unzweifelhaften Stars dieser Aufführung sind jedoch zwei schöne, zum Hochstamm gezogene Solitär-Exemplare der weißen Chinesischen Glyzine (*Wisteria sinensis* 'Alba') mit großen, duftenden Blütentrauben

Obwohl dieser Gartenstil für wärmere Gefilde charakteristisch ist, überrascht es, wie viele der Pflanzen auch gemäßigteres Klima ertragen. Selbst der Olivenbaum, dieses typische Mittelmeergewächs, lässt sich in kälteren Regionen ziehen, solange man sich von der Küste nicht zu weit entfernt, wo das Klima milder ist und von starkem Frost verschont bleibt.

**Oben:** Die *Clematis florida* 'Sieboldii' ergießt sich über die Mauer, gleich neben einem kleinen Palmfarn in einem gestreiften Terrakotta-Topf.
**Rechts:** Von einem prächtigen Palmfarn gekrönt, speit Neptun Wasser in ein Beet voll *Iris sibirica*, Schmucklilie (*Agapanthus africanus*) und Lavendel (*Lavandula angustifolia* 'Hidcote').
**Gegenüber:** Zwei bildschöne weiße Glyzinen-Hochstämme vervollständigen die sonnige Ausstrahlung dieses Mittelmeergartens.

# Der Garten des Schleusenwärters

**Oben:** Leuchtende Orchideenprimeln (*Primula vialii*), die hohe *Lobelia speciosa* 'Fan Scharlach' und das violett-rot überlaufene Kreuzkraut *Ligularia dentata* 'Desdemona' gedeihen üppig an dem kleinen Wasserlauf.
**Gegenüber:** Die 'Kanal-Anlage' demonstriert, wie ein typischer Cottage-Garten nahtlos in eine Uferbepflanzung übergehen kann.

Die Eingebung kam während eines abendlichen Spazierganges mit der Familie. Auf dem Treidelpfad eines Abschnitts des Basingstoke-Kanals nahm eine Ansammlung alter Barken die Aufmerksamkeit des Designers Peter Hogan gefangen. Sie waren neben einem Schleusenwärterhäuschen festgemacht und in dem auffälligen, höchst dekorativen und farbenfrohen Stil bemalt, der unter dem Begriff „Castle and Roses“ bekannt ist. Diese Szene brachte Peter Hogan auf die Idee, eine Variation über das Thema des Cottage-Gartens zu entwerfen, voller Nostalgie für die Zeiten, da von Pferden gezogene Barken gewaltige Lasten auf dem Wasserstraßennetz kreuz und quer durch das Land transportierten.

Man erhascht nur einen kleinen Blick auf die Barke, die hinten im Garten neben dem perfekt nachgebauten Häuschen liegt. Auf diesen Haustyp mit dem runden Dach trifft man einzig entlang des Stratford-Kanals; die traditionell gerundeten Dächer entstanden aus der Sitte der Erbauer, hierfür die selben Rahmen zu verwenden wie für die Konstruktion der Brückenbögen, die den Kanal überspannen. Das Häuschen wäre in einem heutigen Garten eine perfekte Gärtnerlaube oder aber Garage, während das „Hausboot“ im Mittelpunkt eines fabelhaften Abenteuerspielplatzes stehen könnte.

Der Garten wurde von Studenten des Pershore College of Horticulture in Worcestershire gebaut, unter Anleitung des stellvertretenden Rektors der Hochschule, Frank Hardy. Sein Pflanzplan sah mehrere unterschiedliche Bereiche im Garten vor. Neben dem Häuschen befindet sich ein kleines Gemüsegärtchen;

hier überragen lodernde Feuerbohnen stolz Rote Bete, Salatköpfe und Kräuter. Im Vorgarten ergießt sich eine große Farbenpracht über mehrere „Terrassen“, die in typischer Cottage-Garten-Manier bepflanzt sind. Eine beeindruckende Gruppierung roter und gelber Lupinen nimmt die leuchtenden Farben der „Castle and Roses“-Palette wieder auf; die gelben Lupinen heißen 'Deborah Woodfield', die scharlachroten tragen den passenden Namen 'Chelsea Pensioner'.

Ein Fußweg führt von dem Häuschen entlang der einen Gartenseite über einen stabilen hölzernen Steg, der einen Überlaufkanal überspannt. Hier ergibt sich die Möglichkeit, attraktive Wasser liebende Pflanzen in die Gestaltungsform des Cottage-Gartens einzubeziehen. Leuchtende Sumpfdotterblumen (*Caltha palustris*) treten bereits früh im Jahr auf den Plan, gemeinsam mit unzähligen Primeln, darunter die äußerst auffällige Orchideenprimel (*Primula vialii*) mit ihren violetten, rot bespitzten Blütenköpfen. Das außergewöhnliche Blattwerk des Kreuzkrautes (*Ligularia*) schiebt sich gewichtig in die Höhe; die lila-rote Färbung von *Ligularia dentata* 'Desdemona' kontrastiert anmutig mit dem frischen Grün von 'Gregynog Gold'.

Überall im Garten sorgt eine großzügige Bepflanzung mit blühenden Sträuchern und Stauden für ganzjähriges Interesse. Die Strauchrabatte geht unmerklich in die Kulisse aus halbwüchsigen Bäumen über, darunter Zimtahorn (*Acer griseum*), Silberbirke (*Betula pendula*) und Schwarzerle (*Alnus glutinosa*).

**Sumpf-Pflanzen**

*Astilbe* 'Etna' (Prachtspiere); *Astilbe × arendsii* 'Weisse Gloria'
*Caltha palustris* 'Flore Pleno' (Sumpfdotterblume)
*Houttuynia cordata* 'Chameleon' (Houttuynia)
*Iris pseudacorus* 'Variegata' Wasser-Schwertlilie)
*Iris sibirica* (Sibirische Iris)
*Ligularia dentata* 'Desdemona' (Kreuzkraut); *Ligularia* 'Gregynog Gold'; *Ligularia przewalskii*
*Lobelia* 'Fan Scharlach' (Hohe Lobelie)
*Mimulus aurantiacus* (Gauklerblume)
*Primula carniolica* (Primel)
*Primula denticulata* 'Rubra' (Kugelprimel)
*Primula vialii* (Orchideenprimel)
*Rheum palmatum* 'Atrosanguineum' (Zier-Rhabarber)
*Rodgersia pinnata* (Schaublatt)

# Ein Jubiläumsgarten für den National Trust

**Oben:** Die Wasseranlage im Mittelpunkt besteht aus einer schmalen Rinne und drei Sprudelsteinplatten, jede ein wenig kleiner, wodurch eine größere Tiefe vorgetäuscht wird. Die klare, moderne Linienführung des Brunnens steht in stillem Kontrast zu den überquellenden klassischen Staudenrabatten auf beiden Seiten.
**Gegenüber:** Die außergewöhnlichen Farben des Zwergginsters *Cytisus* 'Boskoop Ruby' und der *Iris* 'Solid Mahogany' sorgen unter dem panaschierten Laub des Schmalblättrigen Klebsamenstrauches *Pittosporum tenuifolium* 'Variegata' für Furore.

Der National Trust hatte den Wunsch, seinen hundertsten Geburtstag mit einem Schaugarten zu feiern, dessen Sponsor der *Daily Telegraph* sein sollte. Zweifellos musste dieser Garten nicht nur das Erbe Englands repräsentieren, sondern ebenso das hohe Niveau, für das diese angesehene Stiftung bekannt ist, welche die Schirmherrschaft über einige der schönsten Gärten des Landes innehat.

Daher beschloss die Designerin Arabella Lennox-Boyd, dass in diesen Garten klassische englische Rabatten gehörten, gemäß der Tradition, die viele der berühmtesten Gärten der Stiftung auszeichnet, wie Hidcote Manor in Gloucestershire und Sissinghurst in Kent. Doch sie würde zeitgemäße Raffinesse hinzufügen, mit pechschwarz lackierten Pergolen und einem Wasserspiel aus poliertem schwarzem Cumberland-Schiefer im Mittelpunkt.

Die Grundfläche des Gartens ist ein langes Rechteck, etwa 10 x 22 Meter in seinen Abmessungen. Das Layout besteht aus einer schlichten Kreuzform mit dominanter Mittelachse; die Kreuzwege führen nach rechts und links unter die mit weißen Glyzinen berankten Pergolen. Man kann den Garten als selbstständig betrachten, ihn aber auch als Teil einer größeren, traditionellen Gartenanlage sehen.

**Oben:** Dunkle Eibe und Blutbuche sind der perfekte Hintergrund für die klassische Staudenrabatte. Unzählige weiß blühende Rosen und Stauden wurden ihrer unterschiedlichen Wuchsformen wegen auserwählt: *Iris* 'Avanelle', Osterlilie (*Lilium longiflorum*), Rosen 'Iceberg' und 'Weiße Meidiland', Lupine 'Noble Maiden' und weiße Nachtviole (*Hesperis matronalis* var. *albiflora*). Würze verleihen das grünrote Laub der Roten Bete 'Bull's Blood' und die hoch aufragende schwarzrote Gartenmelde (*Atriplex hortensis var. rubra*).

Den Hintergrund bildet ein silbriges Birkenwäldchen; es ist dicht mit Schneeball (*Viburnum*) und Duftblütensträuchern (*Osmanthus*) unterpflanzt, deren dunkle Schatten die Grenzen zwischen Garten und Natur verwischen. Das Waldgelände selbst liegt jenseits einer Trockenmauer aus Cumberland-Schiefer. Die Steine hierfür entstammen einer alten umgestürzten Mauer aus dem Burlington-Steinbruch in Kirkby-in-Furness, der sämtlichen Schiefer für den Garten lieferte. Zwei in Form geschnittene Eiben flankieren den Durchgang; durch ihn betritt man einen gemähten Rasenweg, der in den Wald hineinführt. Gleich neben diesem Pfad findet sich eine klassische Urne, die exakt auf der Mittelachse des Gartens positioniert ist und so einen visuellen Schwerpunkt bildet.

Die Brunnenanlage unterstreicht die Mittelachse; sie besteht aus einer schmalen, schiefergefassten Rinne, die drei quadratische Schiefertafeln miteinander verbindet, jede geringfügig kleiner als die davor gelegene und so zurückgesetzt, dass eine falsche räumliche Tiefe vorgetäuscht wird. Die Idee des abstrahierten Wasserlaufes lässt sich bis zu den persischen „Paradies"-Gärten zurückverfolgen und von dort zu den symmetrischen Wasserbecken der Paläste und Grabmale indischer Großmogule. Dieser Stil wurde schließlich von den Gartenarchitekten des frühen 20. Jahrhunderts wieder aufgenommen; Edwin Lutyens zum Beispiel wandte ihn in einigen der Landhausgärten an, die er gemeinsam mit Gertrude Jekyll entwarf.

Unter jeder Schiefertafel befindet sich ein Wasserbecken mit Pumpe, welche die Steinplatte in einen Sprudelstein verwandelt. Die Schieferplatten sind minimal bearbeitet, sodass das Wasser zur Ruhe kommt, bevor es auf allen vier Seiten in gleichmäßiger Kaskade hinabströmt; wären die Platten eben, so würde das Wasser auf kürzestem Wege über die Kanten rinnen!

Es sind die wunderschönen Staudenrabatten, die mit ihrer subtilen Vielfalt von Struktur und Farbe dem Garten sein Leben einhauchen. Acht grandiose Eiben unterstreichen die Symmetrie der Anlage und vermitteln Beständigkeit. Dies wird durch den Rahmen aus Sträuchern noch verstärkt; das frische Grün von Klebsame (*Pittosporum*) und das panaschierte Laub des Hartriegels (*Cornus*) kontrastieren mit dem schwarzpurpurnen Perückenstrauch (*Cotinus*) und dem Kupfer der Hainbuchenhecke. Die Staudenbepflanzung übernimmt das Thema: Spitzig grüne Horste weißbunter Funkien und Gräser stehen im Kontrast zu schwarzroter Melde (*Atriplex*) und weißem Fingerhut, zu dem Burgunderrot der Zwergdahlien und des Ginsters *Cytisus* 'Boskoop Ruby', dem satten Tiefpurpur der *Iris* 'Sable' und dem rauchig-rosigen Schimmer des Gartenmohns 'Patty's Plum'. Oft ist es schwer, Farben vom roten Ende des Farbspektrums einzusetzen, da sie sofort alle Blicke auf sich ziehen und so die Entfernungen optisch verkürzen. Hier wird ihre Intensität durch das panaschierte Laub gebrochen; das Grau von

**Gemischte Rabatte**

*Abutilon vitifolium* var. *album* (Weiße Schönmalve)
*Ajuga reptans* 'Atropurpurea' (Kriechender Günsel); *Ajuga reptans* 'Braunherz'
*Alchemilla mollis* (Frauenmantel)
*Allium karataviense* (Blauzungenlauch)
*Allium multibulbosum* (Schwarzer Lauch)
*Anthemis punctata* subsp. *cupaniana* (Hundskamille)
*Aquilegia* 'Darkest Purple' (Akelei)
*Artemisia absinthium* 'Lambrook Silver' (Wermut)
*Artemisia* 'Powis Castle' (Edelraute)
*Asplenium scolopendrium* (Hirschzungenfarn)
*Athyrium filix-femina* (Wald-Frauenfarn)
*Atriplex hortensis* var. *rubra* (Rote Gartenmelde)
*Beetroot* 'Bull's Blood' (Rote Bete)
*Berberis thunbergii* 'Atropurpurea Nana' (Thunberg-Berberitze)
*Brachyglottis* 'Sunshine' (Brachyglottis)
*Camassia leichtlinii* 'Alba' (Präriekerze)
*Centaurea* 'Black Ball' (Flockenblume)
*Cistus* × *loretii* (Zistrose)
*Clematis* 'Duchess of Edinburgh' (Waldrebe)
*Convolvulus cneorum* (Silberwinde)
*Cornus alba* 'Elegantissima' (Weißer od. Tatarischer Hartriegel)
*Cornus stolonifera* (Weißer Hartriegel)
*Cotinus coggygria* 'Royal Purple' (Perückenstrauch)
*Crambe cordifolia* (Riesenschleierkraut)
*Cynara cardunculus* (Spanische Artischocke, Kardy)
*Cytisus* 'Boskoop Ruby' (Geißklee, Zwergginster)
*Dahlia* 'Bednall Beauty'
*Dianthus* 'Dainty' (Nelke); *Dianthus* 'Dewdrop'; *Dianthus* 'Fusilier'
*Dicentra spectabilis* 'Alba' (Tränendes Herz)
*Digitalis purpurea* f. *albiflora* (Weißblütiger Roter Fingerhut)
*Dryopteris filix-mas* (Wurmfarn)
*Elymus magellanicus* (Quecke)
*Euphorbia dulcis* 'Chameleon' (Süße Wolfsmilch)
*Euphorbia griffithii* 'Dixter' (Wolfsmilch)
*Euphorbia mellifera* (Wolfsmilch)
*Euphorbia palustris* (Sumpf-Wolfmilch)
*Euphorbia polychroma* (Goldwolfsmilch)
*Foeniculum vulgare* 'Smokey' (Fenchel)
*Fuchsia splendens* (Glänzende Fuchsie)
*Geranium sylvaticum* 'Album' (Waldstorchschnabel)
*Hebe subalpina* (Strauchveronika)
*Hesperis matronalis* var. *albiflora* (Weiße Nachtviole)
*Heuchera micrantha* 'Palace Purple' (Purpurgöckchen); *Heuchera* 'Pewter Moon'
*Hosta* 'Thomas Hogg' (Funkie)
*Hosta ventricosa* (Glockenfunkie)
*Incarvillea delavayi alba* (Weiße Gartengloxinie)
*Iris* 'Avanelle'; *Iris* 'Caliente'; *Iris* 'Sable'; *Iris* 'Solid Mahogany'; *Iris* 'White Swirl'
*Lilium longiflorum* (Osterlilie)
*Lilium martagon* var. *album* (Weiße Türkenbundlilie)
*Lobelia* 'Queen Victoria' (Hohe Lobelie)
*Lupinus* 'Noble Maiden' (Lupine)
*Matteuccia struthiopteris* (Straußfarn)
*Miscanthus sinensis* 'Variegatus' (Chinaschilf)
*Nectaroscordum siculum* subsp. *bulgaricum* (syn. *Allium bulgaricum*)
*Nepeta racemosa* 'Snowflake' (Katzenminze)
*Papaver orientale* 'Blue Moon' (Türkenmohn); *Papaver orientale* 'Patty's Plum'
*Penstemon digitalis* 'Husker Red' (Bartfaden)
*Pittosporum tenuifolium* (Schmalblättriger Klebsame); *Pittosporum tenuifolium* 'Variegata'
*Plantago major* 'Rubrifolia' (Breitwegerich)
*Polemonium caeruleum* var. *album* (Jakobsleiter)
*Polygonatum* × *hybridum* (Salomonssiegel)
*Potentilla* 'Gibson's Scarlet' (Fingerkraut)
*Rosa* 'Grand Hotel'; *Rosa* 'Iceberg'; *Rosa* 'Lilli Marlene'; *Rosa* 'Sander's White Rambler'; *Rosa* 'Seagull'; *Rosa* 'White Meidiland'
*Salvia officinalis* Purpurascens-Gruppe (Echter Salbei)
*Santolina serratifolia* (Heiligenkraut)
*Sedum ruprechtii*
*Silybum marianum* (Mariendistel)
*Spiraea nipponica* 'Snowmound' (Spiere)
*Stachys byzantina* 'Cotton Boll' (Byzantinischer od. Wollziest); *Stachys byzantina* 'Silver Carpet'
*Stephanandra incisa* 'Crispa' (Kranzspiere)
*Taxus baccata* (Eibe)
*Viburnum tinus* 'Eve Price' (Steinlorbeer)
*Viola* 'Bowles' Black' (Veilchen); *Viola* 'Mrs Lancaster'; *Viola* 'Mollie Sanderson'; *Viola* 'Scarlet'; *Viola* 'White Pearl'; *Viola obliqua* (syn. *V. cucullata albiflora*)
*Viola riviniana* Purpurea-Gruppe (syn. *V. labradorica* var. *purpurea*, Hain-, Labradorveilchen)

**Hecke, Wald, Pergola**

*Betula pendula* (Hängebirke, Silberbirke)
*Fagus sylvatica* f. *purpurea* (Blutbuche)
*Osmanthus ilicifolius* (Ilexblättriger Duftblütenstrauch)
*Viburnum opulus* (Gemeiner Schneeball)
*Wisteria floribunda* 'Alba' (Reichblütige Glyzine)

Heiligenkraut und *Artemisia* 'Powis Castle' und die grau-grünen, gezackten Blätter der Spanischen Artischocke tun ein Übriges.

Aufgehellt wird die Rabatte durch das brillante Weiß der Rosen, Iris und Nachtviolen und durch die wie weiße Ausrufungszeichen dastehenden Lupinen. Und über allem schweben nebelhaft die Blütenwolken des Riesenschleierkrautes (*Crambe cordifolia*) und der betörende Duft unzähliger Osterlilien (*Lilium longiflorum*).

Wie bei so vielen Schaugärten, gab es auch bei diesem eine Krise in letzter Stunde. Man war überein gekommen, dass die Stiftung die große Steinurne besorgen würde, die der Blickpunkt sein sollte. Irgendwo hatte es dann Kommunikationsprobleme gegeben – keine Urne! Boten wurden ausgeschickt, die örtlichen Antiquitätengeschäfte abzusuchen. So fuhr dann schließlich ein hoher Lieferwagen vor und ein wahrer Kerl von Mann stieg aus, ein Muskelpaket von über eins achtzig. Er ging zur Ladefläche des Lieferwagens, umspannte mit beiden Armen die Urne, hob sie an und machte sich zu Fuß auf den Weg, quer durch den Garten. Alles ließ die Hände sinken, staunte mit offenem Mund. Sein Kompagnon trottete mit dem Deckel hinterdrein. Die designierte Stelle wurde erreicht und die Urne ordnungsgemäß abgestellt. Der Mann wandte sich um, bedachte die versammelte Mannschaft mit einem strahlenden Lächeln, schritt zum Wagen zurück und fuhr davon. Man schnappte nach Luft. Die Münder schlossen sich, und wie auf ein Zeichen strömte alles zur Urne. Und machte die Entdeckung, dass sie aus Fiberglas bestand!

**Gegenüber:** Eine klassische Staudenkomposition mit der Lupine 'Noble Maiden' und der weißen Gartengloxinie *Incarvillea delavayi alba*, dazu das weiß gesäumte Blattwerk von *Hosta* 'Thomas Hogg' und gestreiftes Chinaschilf *Miscanthus sinensis* 'Variegatus'. Unter dem purpur-bronzenen Laub der Süßen Wolfsmilch *Euphorbia dulcis* 'Chameleon' lugt ein rotes Stiefmütterchen hervor (*Viola* 'Scarlet').

**Unten:** Die kühl leuchtende Silberwinde (*Convolvulus cneorum*) und das weißbunte Laub des Schmalblättrigen Klebsamenstrauches (*Pittosporum tenuifolium* 'Variegata') mildern das Glutrot der Blüten von Zwergdahlie *Dahlia* 'Bednall Beauty' und Zwergginster *Cytisus* 'Boskoop Ruby'.

# Ein Garten voller Rosen

**Oben:** Vielfältige Blattformen – das silbrige Laub der Edelraute *Artemisia* 'Powis Castle', das herzförmige der Elfenblume (*Epimedium* x *rubrum*) und die dicht gekrauste Petersilie – bilden den Hintergrund für die strahlend weißen Federbüsche der *Astilbe* 'Bressingham Beauty', die leuchtenden Blütenfarben der gelben *Rosa* 'Korresia' und der zart rosafarbenen *Rosa* 'Ballerina', die sich von oben ins Bild drängt.
**Gegenüber:** Das Auge folgt den Stufen durch einen Aufruhr von Farben. Im Vordergrund blüht die Patio-Rose 'Pretty Polly' in einem irdenen Gefäß.

Dieser Garten feiert ungeniert die Schönheit der englischen Rose in ihrer Vielfalt. Besonders hervorgehoben wird eine ganz besondere, strauchförmige Teehybride, die stark duftende, leuchtend scharlachrote 'Spirit of Youth' des Rosenzüchters Robert Wharton. Diese Rose wurde hier erstmals vorgestellt und trägt ihren Namen zu Ehren des Prince's Youth Business Trust; sämtlicher Profit aus zukünftigen Verkäufen wird dieser Stiftung zufließen, die der Prince of Wales ins Leben gerufen hat, um junge Menschen bei der Existenzgründung zu unterstützen.

Floribundas, Teehybriden, niedrige Bodendeckerrosen, prächtige Kletterrosen und Ranker, Patio-Rosen und „Alte" Strauchrosen mischen sich wunderbar mit einer Vielzahl von Stauden – Schleierkraut, Astilbe, Edelraute, Schaumblüte, Iris, Funkie, Nelkenwurz und Storchschnabel. Und damit der Garten das ganze Jahr hindurch attraktiv ist, hat David Stevens ihn vor einem Hintergrund aus Sträuchern und zierlichen Laubbäumen errichtet: Rhododendren, Azaleen, Spieren, Bambus, Ahorn, Judasbaum (*Cercidiphyllum*) und Silberbirke, und dazwischen als zarte Lichter die sanft rosa Blütenstände des wilden Fingerhuts (*Digitalis purpurea*).

Zwei der Rhododendren sind bereits über 45 Jahre alt und sehr groß. „Bill" und „Ben" sind fast so etwas wie ein Talisman, denn David Stevens hat sie schon

**Rechts:** Die glühenden Farben der Rhododendren 'Purple Splendour' und 'Windlesham Scarlet', das Tiefrot der Bodendeckerrose 'Marjorie Fair' und das Kupfer der Ahornbäumchen *Acer palmatum* 'Bloodgood' und *Acer palmatum dissectum atropurpureum* finden ihren Ausgleich in den mannigfachen weißen Tupfern von *Rosa* 'Iceberg', Margeriten, Astilbe 'Snowdrift' und der Kletterhortensie (*Hydrangea anomala* subsp. *petiolaris*), die über die Mauer schaut.

in vielen seiner preisgekrönten Gärten eingesetzt. Dieses Mal fühlte sich ein Amselpärchen ganz besonders zu einem der Sträucher hingezogen; die Vögel beschlossen, während der Aufbauphase und der Ausstellung ein Nest zu bauen und drei Eier hineinzulegen. Nach Ende der Schau musste dieser Strauch – mitsamt Frau Amsel – mit ganz besonderer Vorsicht verladen und zur Gärtnerei zurücktransportiert werden, wo schließlich die Eier ordnungsgemäß ausgebrütet wurden!

Außer unter den außergewöhnlichen Umständen der Chelsea Flower Show etabliert sich solch ein Garten natürlich nicht in einer einzigen Wachstumsperiode, doch mit Hilfe bepflanzter Kübel lassen sich Farbe und Blattwerk bereits einbringen, bevor sich der Garten voll entwickelt hat.

Die Terrasse im vorderen Gartenbereich ist mit altbewährtem Yorkstein-Pflaster in unterschiedlichen Größen und mit Ziegeln befestigt. Ihre Mitte krönt ein Hochbeet mit einer einzigen Rosensorte, der herrlichen 'Spirit of Youth', und wenigen weißen Akzenten: Ziertabak, Margeriten und Astilben.

Auf einer Seite schmiegt sich ein stilles Wasserbecken an die Kurve des Hochbeetes; ein einziger Wasserstrahl entspringt dem Maul einer bronzenen Löwenmaske in der rückwärtigen Ziegelmauer. Hier und dort unterbrechen schlichte Wasseriris die harten Konturen der gemauerten Umrandung.

Auf der gegenüberliegenden Seite steigt man über breite Steinstufen durch einen Laubengang empor; die zartrosé blühende, duftende Kletterrose 'New Dawn' schmückt seine dunkel gebeizten Holzbalken. Hinter einem Absatz erhebt sich auf niedrigen Holzpfeilern ein formvollendet aus alten Klinkern, abgelaugten Balken und Tonziegeln gefertigtes offenes Gartenhaus im Stile Lutyens'. Zur Rechten führen weitere Stufen auf eine halbkreisförmige Pflasterstelle mit einer schlichten Bank aus weiß lackiertem Gusseisen und Holzlattung. Über ein paar letzte schmale Stufen gelangt man schließlich in das Sommerhäuschen, das sich in eine imposante Rhododendronpflanzung duckt – der ideale Aussichtspunkt.

**Oben:** Die Anlage ist in ihrer Größe vielen Privatgrundstücken vergleichbar. Um den verfügbaren Platz optisch zu strecken, ist in dem Garten die 45-Grad-Diagonale stark betont; dieser Winkel bietet in einem Quadrat die größte Distanz und lässt sich – wie in diesem Fall – oft auch bei einem rechteckigen Grundriss nutzen.

# Ein moderner Dachgarten

**Oben:** Speziell angefertigte Kuppeln, die von duftenden Immergrünen überwuchert sind, nehmen die Form der Oberlichter wieder auf. Schafgarbe (*Achillea*) übersät die Mondlandschaft mit Sternenstaub.

Mehrere Jahre lebte der Designer Dan Pearson in einer Wohnung mit Dachgarten auf einem dreistöckigen Gebäude in Vauxhall, mitten in London. Der Entwurf des Dachgartens, den wir hier sehen, entstand unter dem Einfluss dieser persönlichen Erfahrung. Pearson war überzeugt, dass er die Offenheit und Exponiertheit des Dachgartens akzeptieren müsse und nicht versuchen dürfe, sie in irgendeiner Weise zu verstecken oder zu verändern, indem er beispielsweise einen Sichtschutz oder Rankgitter errichtete. Daher sind sämtliche Pflanzen dürreresistente Küstenpflanzen; sie alle vertragen ein hohes Maß an Wind und Sonne. Ohne Ablenkung durch benachbarte Gärten verspürte Pearson außerdem die Notwendigkeit, die überwältigende Präsenz des freien Himmels zu akzeptieren und zu verarbeiten. Und so entstand das Konzept einer „Mondlandschaft", in der Pflanzhügel die Form der Oberlichter aus Plexiglas wieder aufnehmen.

Solch eine kühne, kompromisslose Denkweise wird auch in der Arbeit mehrerer anderer Designer aus aller Welt deutlich. Topher Delaney, die zu Amerikas einfallsreichsten Landschaftsarchitekten gehört, fügte eine Reihe frei stehender, bunter „Windhosen" in ihren Entwurf für einen großen Dachgarten in San Francisco ein; sie flattern und tanzen mit den wechselnden Winden und verleihen dem Garten den Gesamteindruck eines kinetischen Kunstwerks. Südamerikas verstorbener Designer, der Künstler Roberto Burle Marx, hat in Rio de Janeiro und São Paulo ebenfalls mehrere außergewöhnliche „offene" Dachgärten geschaffen: Verschiedenfarbige, unterschiedlich strukturierte Materialien wie etwa farbiger Kies wechseln in großzügigem Schwung mit Pflanzungen, sodass der Garten, von oben betrachtet, wie eine riesige Leinwand erscheint, ein abstraktes Kunstwerk.

In Dan Pearsons Entwurf bietet sich mit dem Wintergarten ein bei jeglicher Witterung nutzbares Gartenzimmer, das mit seiner geschwungenen, verglasten Front den Blick auf das ganze Dach und das dahinter liegende Panorama frei gibt. Innen sind Pendelleuchten parallel zu der Fensterwand aufgehängt; eine jede illuminiert einen mexikanischen Goldkugelkaktus (*Echinocactus grusonii*) in einem hohen „Long Tom"-Tontopf. Den Sommer können die Kakteen im Freien verbringen, doch während der kühleren Jahreszeit benötigen sie Schutz.

**Unten:** Hier sind ins Violette spielende Süße Wolfsmilch (*Euphorbia dulcis* 'Chameleon'), Purpursalbei, Purpurfenchel und Schopflavendel mit dem Silbergrau von Königskerze *Verbascum* 'Helen Johnson', Zypressen-Heiligenkraut und Italienischem Sonnengold (*Helichrysum italicum*) zu einer ungewöhnlichen, beinahe gespenstischen Farbskala zusammengestellt.

**Gegenüber:** Die offene, baumlose Prärie Nordamerikas inspirierte diese Zusammenstellung unterschiedlicher Gräser für die exponierte Lage auf dem Dachgarten. Schopflavendel führt das eigensinnige Thema der Gräser weiter aus; der Islandmohn scheint willkürlich verteilt, als wachse er wild auf einer Wiese.

Ein schlichtes Holzdeck schafft einen angenehmen Freisitz; möbliert ist es mit zwei modernen Liegen nach einem Entwurf von Dan Pearsons Bruder Luke. Der Rahmen aus pulverbeschichtetem Aluminium ist mit einem wetterfesten, wasserdurchlässigen Stoff bespannt, einem Armee-Material, das keine Feuchtigkeit bindet. Man kann die Liegen daher sorglos bei jeglicher Witterung draußen stehen lassen; dies ist bei einem Dachgarten von großem Vorteil, denn manchmal heißt „aus den Augen" eben auch „aus dem Sinn".

In der Mitte des Freisitzes spiegelt sich der Himmel in einem runden Glastisch. Seine Form nimmt ein großer bauchiger, frostbeständiger Terrakotta-Kübel auf, den ein Teppich aus *Echeveria elegans* bis zum Rand füllt; diese stengellose Sukkulente erhebt ihre lang gestielten rosa Blüten über silberblaue, dickfleischige Blattrosetten. Zu beiden Seiten präsentieren große, pulverbeschichtete Aluminiumcontainer mehrstämmige Himalaya-Birken (*Betula utilis* var. *jacquemontii*) mit ihrer außergewöhnlichen cremig-weißen Rinde; zu ihren Füßen gesellen sich Grasnelken (*Armeria maritima*) zu Blauschwingelgras (*Festuca glauca*). Die Wahl fiel auf mehrstämmige Bäume, da diese im Allgemeinen kleinwüchsig sind und stärkeren Winden besser trotzen. Die Enge des Behälters tut ein Übriges dazu, ihr Wachstum zu verlangsamen. Die Kombination von Grasnelken und Bärenfellgras setzt sich auf einer Gartenseite über die ganze Länge eines Beetes fort.

An anderer Stelle wiegen sich unterschiedliche Gräser im leisesten Windhauch; die kupferglänzenden, haarfeinen Halme der neuseeländischen Haarsegge (*Carex comans* 'Frosted Curls') ergänzen die losen blassbraunen Büschel der Segge (*Carex testacea*). Zwischen den Gräsern verstreut recken sich die hoch aufragenden Stiele der Karde (*Dipsacus*) und die auffälligen Blütenkerzen des *Verbascum* 'Helen Johnson' in die Höhe. Die Blüten dieser Königskerze nehmen mit ihrem kupferigen Orangeton die auffällige Farbe des Islandmohns (*Papaver nudicaule*) auf; der Mohn ist so natürlich verteilt, als habe er sich wild ausgesamt.

Hier und dort in den Beeten stehen die extra angefertigten „Kuppeln" von etwa einem Meter Durchmesser und einem halben Meter Höhe. Diese sind von vier Pflanzenarten überwuchert: Wegen ihrer ganzjährigen Attraktivität und ihres aromatischen Laubes fiel die Wahl auf zwei süß duftende immergrüne Thymiansorten – *Thymus* 'Bertram Anderson' mit goldglänzendem Blattwerk und silbrig panaschierter *T.* 'Silver Posie', und auf Italienisches Sonnengold (*Helichrysum italicum*) und Zypressen-Heiligenkraut (*Santolina chamaecyparissus*), beide mit würzigem, silbergrauem Laub.

In diesem Garten geht neuzeitliches Raffinement eine clevere Verbindung mit dem Gespür für natürliche Harmonie ein. Er ist ganz offensichtlich ein idealer Ort der Entspannung, wo man die Sonne genießt, Freunde bewirtet oder einfach nur „abschaltet", fern dem Treiben der Menge weit unten.

**Baum**

*Betula utilis* var. *jacquemontii* (Himalaya-Birke)

**Stauden**

*Achillea* sp. (Schafgarbe in Sorten)
*Armeria maritima* (Grasnelke)
*Astelia chathamica* (Astelia)
*Chamaemelum nobile* (Römische Kamille)
*Cynara cardunculus* (Spanische Artischocke, Kardy)
*Dipsacus sylvestris* (syn. *D. fullosum* – Wilde Karde)
*Echeveria elegans* (Echeverie)
*Echinocactus grusonii* (Mexikanischer Goldkugelkaktus)
*Euphorbia dulcis* 'Chameleon' (Süße Wolfsmilch)
*Foeniculum vulgare* 'Purpureum' (Bronzefenchel)
*Helichrysum italicum* (Italienisches Sonnengold)
*Lavandula stoechas* subsp. *pedunculata* (Schopflavendel)
*Papaver nudicaule* (Islandmohn)
*Salvia argentea* (Silberblatt-Salbei)
*Salvia officinalis* Purpurascens-Gruppe (Purpursalbei)
*Santolina chamaecyparissus* (Zypressen-Heiligenkraut)
*Thymus* × *citriodorus* 'Aureus' (goldener Zitronenthymian)
*Thymus* × *citriodorus* 'Bertram Anderson' (Zitronenthymian)
*Thymus serpyllum* 'Lemon Curd' (Wilder od. Sand-Thymian, Quendel)
*Thymus* 'Silver Posie' (Echter Thymian)
*Verbascum* 'Helen Johnson' (Königskerze)

**Gräser**

*Carex flagellifera* (Segge)
*Carex comans* 'Frosted Curls' (Neuseeländische Haarsegge)
*Carex testacea* (Segge)
*Festuca glauca* syn. F. *cinerea* (Blauschwingelgras)

# DER ALCHEMISTEN-GARTEN

**Oben:** Die Gegenüberstellung geheimnisvoller, magischer Purpur- und Blautöne und vielfältiger, unbändig grüner Blattformen beschwört in diesem Garten die mittelalterlichen Künste des Alchemisten herauf.

Dieser wunderbare, von Nuala Hancock und Mathew Bell entworfene Garten entführt uns in die Welt der Alchemie, voll von mystischer Symbolik und Anspielungen auf die Grundelemente Erde, Wasser, Luft und Feuer. Die ewige Suche nach Erleuchtung, Heilung und Wissen ist das zentrale Konzept des Zeneca-Gartens, dessen ausdrückliches Anliegen es ist, Ideen lebendig werden zu lassen.

Der Zuschnitt der Parzelle diktierte die alles beherrschende Form der Ellipse; sie spielt auf die elliptische Umlaufbahn der Himmelskörper an. Der Entwurf ist im Grunde ein mittelalterlicher Kräutergarten; das im Zentrum gelegene Wasserbecken ist von niedrigen, viertelkreisförmigen Beeten umgeben, mit einer Einfriedung aus immer höher gestaffelten Pflanzen jenseits der Pfade. Der kreative Einsatz von Schiefer, Glas und Eisen hinterlässt jedoch einen modernen Eindruck, welcher durch die Intensität der Bepflanzung mit ihrer satten Farbpalette und ausgeprägten Rhythmik noch verstärkt wird. Blau ist der überwiegende Farbton, kombiniert mit Tiefpurpur, Violett und Magenta und dazu blassgoldenen und silbrigen Lichtsprenkeln.

Der deutlichste Hinweis auf die Identität dieses Gartens findet sich in dem Grundsteinmosaik am Eingang. Hier sieht man das Zeichen Zenecas, den Buchstaben „Z“, der dem Alchemisten des Mittelalters Symbol der Auflösung war.

Eine Inschrift umgibt das Mosaik: „as above, so below" („das Untere ist gleich dem Oberen"). Alchemie, so heißt es, ist der Regenbogen, der die irdischen mit den himmlischen Ebenen zu verbinden sucht. Diese Thematik nimmt das schmiedeeiserne Prunkstück im Zenith der Anlage auf, das den höchstgelegenen Punkt überragt; es trägt drei bunt verglaste Elemente, die mit einem leuchtenden Regenbogen eine Brücke zwischen Himme und Erde schlagen. Die Bleiglasszenen stellen die Grundelemente Wasser, Erde, Luft und Feuer dar. Eine Taube schwingt sich auf ihnen in himmlische Höhen und kehrt wieder zur Erde hinab; sie symbolisiert den zyklischen Prozess, durch den die Alchemie Feststoffe verflüssigt und wieder erstarren lässt.

Der Anstoß zu dieser Darstellung entstammt einem französischen Manuskript des 18. Jahrhunderts mit der Inschrift: „Löse das Feste, festige das Flüchtige, fange das Geflügelte ein, und du führst ein Leben in Sicherheit." Zu allen Zeiten haben Alchemisten geglaubt, dass sich unter den richtigen Planetenkonstellationen unedle Metalle wie Blei in Gold verwandeln lassen und dieses wiederum in das Elixier des ewigen Lebens ...

Unterhalb des höchsten Punktes entspringt eine Kaskade, der Jungbrunnen, Symbol der Panacee, der reinigenden Universalmedizin, und ergießt sich in ein

**Oben:** Dieser Entwurf entzückt ganz besonders den experimentierfreudigen, unerschrockenen Gärtner. Er verdeutlicht außerdem, wie sich die Fähigkeiten vieler unterschiedlicher Künstler und Handwerker zusammenbringen lassen – Schmied, Töpfer, Mosaikkünstler, Tischler, Kunstglaser –, wodurch ein einzigartiger Garten entsteht.
Das Glas der Fensterbilder, der bunten Kugeln und die Glaskolben sowie die Scheibe, auf denen diese arrangiert sind, mag ein ungewöhnliches Material für einen Garten sein, doch es entspricht der Faszination des Alchemisten für Gegensätze: es ist zerbrechlich und doch dauerhaft.

**Oben:** Die verwegenen Kugelblüten des *Allium aflatunense* 'Purple Sensation' sind unübersehbar. Unterstützt werden sie von den purpurfarbenen Blattfiedern des Fenchels, flammendem Schopflavendel (*Lavandula stoechas* subsp. *pedunculata*), der in warmem Rosa erglühenden Pechnelke (*Lychnis viscaria* 'Splendens') und den limonengrünen Deckblättern der Mandelwolfsmilch (*Euphorbia amygdaloides* var. *robbiae*).
**Unten:** *Iris* 'Royal Touch' und Purpursalbei (im Vordergrund) untermauern das violette Farbschema.
**Gegenüber:** In „sphärische" Form gebrachte Lorbeerhochstämme flankieren den Thron.

schimmerndes Wasserbecken, das Herzstück des Gartens. Auf einer quadratischen Glasplatte inmitten dieses Beckens ziehen ätherisch leuchtende, bunte Glaskugeln und mit farbigem Wasser gefüllte Glaskolben das Auge auf sich. Das Thema des heilenden, fließenden Wassers wiederholt sich in der Wellenform des schmiedeeisernen Geländers, das den Garten umgibt.

Eine weitere uralte Weisheit der Alchemisten besagt, dass nur in der Erkenntnis der gegenseitigen Ergänzung grundsätzlicher Gegensätze – Himmel und Erde, Sonne und Mond, Tag und Nacht, Weiblich und Männlich, Geist und Materie – Gesundheit und langes Leben liegen. Für solche Gegensätze finden sich viele Beispiele in diesem Garten.

Die Wege sind mit rechteckigen, blaugrünen Schieferplatten belegt. An den gegenüberliegenden Scheitelpunkten der Ellipse fügen sich zwei große, runde Kieselmosaike der Künstlerin Maggie Howarth ein, Darstellungen des siebenstrahligen alchemistischen Sonnenmondes. Diese setzen zwei Sitze in Szene, die Thronstühle von Sonne und Mond, die sich in stillem Dialog zu beiden Seiten des Wasserbeckens gegenüberstehen. Die Stühle hat der Designer Ray McNeill angefertigt, der sich ein Vergnügen daraus macht, alte Planken in ausgefallene Möbelstücke und Kunstobjekte zu verwandeln.

Überall im Garten sind Formen und Farben einer wunderbaren Pflanzenvielfalt mit dramatischer Wirkung einfallsreich kombiniert. An mancher Stelle geht von den Beeten ein regelrechtes Schimmern und Irisieren aus, ein symbolischer Verweis auf mittelalterliche Alchemie ebenso wie auf moderne Wissenschaft. Der Zierlauch *Allium aflatunense* 'Purple Sensation' mit seiner außergewöhnlichen Farbintensität und die Funken sprühenden Blütenkugeln von *Allium christophii* scheinen elektrisch geladen; Schopflavendel lässt seine blauvioletten Flammen durch das rauchige Laub des Bronzefenchels züngeln; die gelappten, dornenbewehrten Blätter der Eselsdistel (*Onopordum acanthium*) brechen aus der gemischten Rabatte hervor; die kalten, silberblauen Lichtblitze der Ölweide (*Elaeagnus commutata*) und das filigrane Glitzern der Weide (*Salix exigua*) setzen sich gegen das limonengrüne Leuchten der Wolfsmilch und die schwefelgelben Blütenfäden der Raute ab. Ein immer präsentes Thema jedoch ist jenes offensichtlichste Sujet des Alchemisten-Gartens, die *Alchemilla*: Das samtige, mit Tautropfen wie mit Kügelchen flüssigen Quecksilbers besetzte Laub des Frauenmantels verbreitet perfekte Harmonie.

# EIN PARADIESISCHER FLECK

**Oben:** Die grasgedeckte Hütte inmitten des Tropendschungels vervollständigt den Traum von der Karibik – fehlt nur noch ein kühler Longdrink!

Dieser Garten bringt eine Kostprobe der Tropen nach Chelsea; er quillt von exotischen Geschöpfen geradezu über, die auch in kühleren Breitengraden gedeihen können, vorausgesetzt, man kommt ihnen ein wenig entgegen.

Im Zentrum des Gartens hat Designerin Bunny Guinness eine karibisch anmutende „Wochenendhütte" auf Stelzen errichtet; von der Holzveranda schaut man direkt auf einen Seerosenteich. Das am First mit Hanfschnur abgebundene Grasdach ruht auf weiß gekalkten Pfosten; die Stülpverschalung der Wände ist in hellem Vergissmeinnicht-Blau lasiert, während die Fensterläden im tiefen Kobaltton des Tropenhimmels leuchten. Von der Hütte aus führt ein Bohlenweg um den Teich; auf jedem der gekalkten Pfosten seiner „Balustrade" aus verspanntem Hanftau liegt ein Seeigel als Abschlusskappe. Für die Wege im übrigen Garten ist Rundholzpflaster in Sand verlegt, dem großzügig Muscheln beigemengt sind, um das Ambiente noch authentischer zu gestalten.

Vor allem aber sind es die exotischen Pflanzen, welche die Illusion eines Tropenparadieses entstehen lassen, besonders die frischgrünen Blattsegel der Japanischen Faserbanane (*Musa basjoo*). Manche subtropische Palmen sind erstaunlich kälteverträglich und können auch den nördlichen Garten mit ihrer auffälligen tektonischen Gestalt zieren, vorausgesetzt, man findet für sie einen geschützten Sonnenplatz. Zwei eindrucksvolle Beispiele sind die Phönixpalme (*Phoenix canariensis*) mit ihrer prächtigen Fontäne spitzer Wedel und die Fächerpalme (*Trachycarpus fortunei*) mit großen, tief eingeschnittenen Blattfächern. Auch *Cordyline australis* ist ziemlich ausdauernd; oft wird sie fälschlicherweise für eine Palme gehalten, doch sie gehört zur Familie der Agavenpflanzen – landläufig wird sie als Keulen*lilie* bezeichnet, als wäre die allgemeine Verwirrung noch nicht groß genug.

Ein besonders exotischer Blickfang ist der Grasbaum (*Xanthorrhoea australis*), der auch „Captain Cooks Schwarzer" genannt wird. Der Legende zufolge hat der ehrenwerte Kapitän eine Gruppe dieser Pflanzen für herannahende Eingeborene gehalten. Der Grasbaum ist eine sehr ausdauernde Staude mit kurzem kräftigem Stamm, einem runden „Kopf" und einem Schopf silbrig-grüner Blätter, aus dessen Mitte eine lange, dünne, kerzenförmige, bis zu 60 cm hohe Blüte sprießt. Dies alles wirkt wie ein außergewöhnlicher Kopfputz – was den Irrtum des Captains

**Unten:** Das satte Fliederblau der Hortensie *Hydrangea macrophylla* findet sich bei dem Männertreu *Lobelia* 'Cascade Blue' wieder. Daneben reckt eine Kaiserkrone (*Fritillaria imperialis*) ihren orangefarbenen Blütenstand in die Höhe; im Hintergrund blitzt eine Canna ebenfalls orange auf.

erklärt. Wie auch einige der anderen, empfindlicheren Pflanzen verträgt diese Spezies keine Minusgrade. Zieht man sie jedoch in einem Topf, so lässt sie sich während der Sommermonate in den Boden senken und für die kühlere Jahreszeit wieder hereinbringen.

Es finden sich hier noch viele weitere tektonische Pflanzen, darunter zwei Exemplare der Goldnarbe (*Xanthosoma violaceum*), deren große pfeilförmige Blätter die Veranda flankieren, und leuchtend gelb blühender Aronkelch (*Zantedeschia elliottiana*). Igeliger Neuseeland-Flachs (*Phormium* 'Yellow Wave') gedeiht unter der Phönixpalme und kontrastiert mit dem gelb gefleckten Laub und den orange-gelben Blütenglocken der 'Thompsonii'-Schönmalve (*Abutilon pictum*); um den Fuß der Palme drängt sich bunte Kapuzinerkresse.

Direkt beim Wegesrand haben sich verschiedene Wasser liebende Pflanzen in der Sumpfzone niedergelassen – Astilbe, Rodgersie und das Kreuzkraut (*Ligularia dentata* 'Desdemona') mit seinen ausladenden, purpurbronzenen Blattherzen und tief orangefarbenen Blüten. Auf jedem freien Fleck sind naturbelassene oder kobaltblau glasierte Tontöpfe mit hellem Farnwedel und fliederfarbenen Hortensien aufgestellt. Die betörend duftenden Trompeten der Osterlilie (*Lilium longiflorum*) stehen in kühlem Gegensatz zu den flammend roten Blüten und violett-grünen Blättern der Canna; mit dem exotischen Hornklee (*Lotus berthelotii*), dessen scharlachrote Blütenkrallen aus silbrigem Laub hervorschauen, vervollständigt Bunny Guinness das paradiesische Bild.

In diesem Garten fällt es nicht schwer, sich vorzustellen, man sitze im kühlen Schatten seiner Veranda auf einer karibischen Insel, einen eisgekühlten Longdrink in der Hand, in der Ferne die hellen Klänge der Steeldrums, Affengeschnatter …

**Oben:** In Sand gesetztes Rundholz pflastert den Dschungelpfad, der zu beiden Seiten von üppigem Wuchs bedrängt wird. Unter den Blattschwertern von *Astelia chathamica* 'Silver Spear' und *Yucca elephantipes* rangeln scharlachrote Pelargonien mit Spanischem Gänseblümchen (*Erigeron karvinskianus*) und blauen Margeriten (*Felicia amelloides*), während die Engelstrompete (*Brugmansia aurea*) ihre goldenen Blüten von oben über den bauchigen Tontopf baumeln lässt.

**Gegenüber:** Der Plankenweg, über den man zu der Hütte gelangt, führt an einer Zwerg-Dattelpalme (*Phoenix roebelenii*) vorüber; sie ist mit orange-roter Kapuzinerkresse (*Tropaeolum majus* 'Red Wonder') unterpflanzt. Dahinter steht der Neuseeland-Flachs *Phormium* 'Yellow Wave' mit seinen Blattriemen in spitzem Kontrast zu den riesigen Rhabarberblättern der Mammutpflanze (*Gunnera manicata*).

### Bäume und Sträucher
*Abutilon pictum* 'Thompsonii' (Schönmalve)
*Brugmansia aurea* (Trompetenbaum, Engelstrompete)
*Chamaerops humilis* (Zwergfächerpalme)
*Cordyline australis* (Keulenlilie)
*Cycas revoluta* (Japanischer Palmfarn)
*Fatsia japonica* (Zimmeraralie, Fingerpalme)
*Melianthus major* (Honigstrauch)
*Musa basjoo* (Japanische Faserbanane)
*Phoenix canariensis* (Phönixpalme)
*Phoenix roebelenii* (Zwerg-Dattelpalme)
*Trachycarpus fortunei* (Fächerpalme, Hanfpalme)
*Xanthorrhoea australis* (Grasbaum)
*Yucca aloifolia* (Palmlile); *Yucca elephantipes* (Riesen-Palmlilie); *Yucca filamentosa; Yucca gloriosa* 'Variegata'

### Stauden
*Agapanthus praecox* subsp. *orientalis* (Schmucklilie)
*Agave americana* 'Variegata' (Amerikanische Agave)
*Arundo donax* 'Variegata' (Riesenschilf)
*Astelia chathamica* 'Silver Spear' (Astelia)
*Canna indica* (Indisches Blumenrohr)
*Cynara cardunculus* (Spanische Artischocke, Kardy)
*Erigeron karvinskianus* (Mexikanisches Berufkraut, Karwinskis Feinstrahl)
*Felicia amelloides* (Kap-Aster, Blaue Margerite)
*Hydrangea macrophylla* (Hortensie)
*Lotus berthelotii* (Hornklee)
*Pelargonium* sp. (Pelargonien in Sorten)
*Phormium* 'Yellow Wave' (Neuseeländischer Flachs)
*Phyllostachys aurea* (Gold-Bambus)
*Rheum palmatum* 'Atrosanguineum' (Zier-Rhabarber)
*Verbena* 'Red Cascade'
*Zantedeschia elliottiana* (Aronkelch)

### Feuchtigkeitsliebende Stauden
*Cyperus papyrus* (Papyrusstaude)
*Gunnera manicata* (Riesenrhabarber)
*Hosta sieboldiana* var. *elegans* (Blaublattfunkie)
*Ligularia dentata* 'Desdemona' (Kreuzkraut)
*Mimulus* 'Firedragon' (Gauklerblume)
*Rodgersia pinnata* 'Superba' (Schaublatt)
*Xanthosoma violaceum* (Goldnarbe)
*Zantedeschia aethiopica* 'Crowborough' (Aronkelch)

### Zwiebelgewächse
*Fritillaria imperialis* 'Rubra' (Kaiserkrone)
*Lilium longiflorum* (Osterlilie)

### Einjährige
*Convolvulus tricolor* 'Blue Flash' (Prachtwinde)
*Lobelia* 'Cascade Blue'
*Nicotiana sylvestris* (Waldtabak)
*Ricinus communis* (Afrikanischer Wunderbaum)
*Tropaeolum majus* 'Red Wonder' (Große Kapuzinerkresse)

# Klassische Klarheit mit modernem Unterton

**Oben:** Ein Beet mit Aronkelch (*Zantedeschia aethiopica*) bildet den ruhenden Pol des formalen Gartens. Seitlich führt ein schmiedeeisernes Tor mit Blütenmotiv zu der versteckten Zuflucht im Waldgarten.
**Gegenüber:** Die Rabatten, die den Rasen einrahmen, quellen von einer schier überwältigenden Staudenvielfalt über.

Dieser von einer Mauer umgebene Stadtgarten verbreitet ein Gefühl der Geborgenheit und Schönheit; er ist eine rechte Zuflucht für den gestressten Städter. In ihm soll man sich aufhalten, und zwar nicht nur zu besonderen Anlässen; der Pflanzenkenner soll in ihm eine stete Quelle der Inspiration und Freude finden. Obwohl der Garten größtenteils nach klassischem Muster entworfen ist, verleiht ihm der kühne Einsatz traditioneller Materialien wie Terrakotta, Schmiedeeisen und Portland-Sandstein einen modernen Beiklang.

Die Designerin Xa Tollemache dachte an ein Ehepaar: *Er* ist ein erfolgreicher Geschäftsmann mit konventionellem Geschmack und schlichten Erwartungen an seinen Garten. Er sucht einen Ort, an dem er Freunde und Kunden bewirten kann; wenn er auf die Terrasse hinaustritt, soll alles schön ordentlich sein. *Sie* dagegen ist unkonventioneller, ein Kind der Sechziger; sie braucht ein naturbelassenes Eckchen, einen geheimen Hafen, in den sie sich mit einem guten Buch zurückziehen kann, um dort mit der Natur Zwiesprache zu halten. Und dies ist die Lösung: zwei selbstständige Gärten – formal und informell – in einem.

**Oben:** Ein wohltuend schlichtes blau-weißes Farbschema im Waldgarten: Silberbirke, weißer Fingerhut und blauer Scheinmohn *(Meconopsis betonicifolia).*

**Kletterpflanzen**

*Actinidia sinensis* 'Tomuri' (syn. *A. deliciosa,* Kiwi)
*Clematis* 'Betty Corning' (Waldrebe); *Clematis* × *durandii; Clematis* × *eriostemon* 'Hendersonii'; *Clematis* 'Niobe'; *Clematis* 'Prince Charles'; *Clematis* 'Etoile Rose'
*Exochorda* × *macrantha* 'The Bride' (Prunkspiere)
*Parthenocissus henryana* (Wilder Wein)
*Rosa* 'Albéric Barbier; *Rosa* 'Goldfinch'; *Rosa* 'Sander's White Rambler'; *Rosa* 'Seagull'; *Rosa* 'Wedding Day'

**Staudenrabatten**

*Acanthus spinosus* (Stacheliger Akanthus)
*Allium hollandicum* 'Purple Sensation' (syn. *A. hollandicum,* Zierlauch)
*Allium christophii* (Sternkugellauch)
*Anchusa azurea* 'Loddon Royalist' (Italienische Ochsenzunge)
*Artemisia absinthium* 'Lambrook Mist' (Wermut)
*Artemisia ludoviciana* 'Valerie Finnis' (Edelraute)
*Campanula persicifolia* 'Chettle Charm' (Pfirsichblättrige Glockenblume); *Campanula persicifolia* 'Wortham Belle'
*Cistus* 'Elma' (Zistrose)
*Cistus ladanifer* (Lack-Zistrose); *Cistus ladanifer* var. *sulcatus; Cistus* × *verguinii*
*Crambe cordifolia* (Riesenschleierkraut)
*Cynara cardunculus* (Spanische Artischocke, Kardy)
*Dianthus* 'Mrs Sinkins' (Nelke)
*Digitalis* × *mertonensis* (Fingerhut)
*Erigeron karvinskianus* (Mexikanisches Berufkraut, Karvinskis Feinstrahl)
*Foeniculum vulgare* 'Purpureum' (Bronzefenchel)
*Geranium clarkei* 'Kashmir White' (Storchschnabel); *Geranium* 'Johnson's Blue'
*Geranium nodosum* (Knotiger Storchschnabel)*; Geranium pratense* 'Mrs Kendall Clark' (Wiesen-Storchschnabel); *Geranium renardii; Geranium sylvaticum* 'Album' (Wald-Storchschnabel) *Geranium sylvaticum* 'Mayflower'
*Hesperis matronalis* var. *albiflora* (Weißblühende Nachtviole)
*Iris* 'Deep Black'; *Iris* 'Harriette Halloway'
*Lavandula* × *intermedia* (Lavendel); *Lavandula pinnata*
*Mysotis* sp. (Vergissmeinnicht in Sorten)
*Nepeta* × *faassenii* (Katzenminze); *Nepeta racemosa* 'Walker's Low' syn. *N. mussinii*
*Rosa gallica* 'Versicolor' (Französische Rose); *Rosa* 'Heritage'; *Rosa* 'Kent'; *Rosa* 'Reine des Violettes'; *Rosa* 'Tuscany Superb'; *Rosa* 'William Lobb'
*Salvia nemorosa* 'Lubecca' (Steppensalbei, Hainsalbei)
*Salvia* × *sylvestris* 'Mainacht' (Salbei)
*Scabiosa lucida* (Glänzende Skabiose)
*Trifolium repens* 'Purpurascens' (Weißklee, Kriechender Klee)
*Verbascum chaixii* 'Mont Blanc' (Österreichische Königskerze)
*Veronica gentianoides* (Ehrenpreis)
*Viola riviniana* Purpurea-Gruppe (syn. *V. labradorica* var. *purpurea,* Hain-, Labradorveilchen)

Wir betreten den formalen Bereich über eine Terrasse mit Yorkstein-Pflaster; die Platten sind zwar von unterschiedlicher Größe, doch rechteckig und zu einem sauberen Muster verlegt. Zu beiden Seiten der Terrasse bilden jeweils vier sich verjüngende Ziegelpfeiler ein Quadrat. Die Inspiration hierfür lieferten die unzähligen Ziegelschornsteine auf dem Haus des Designers, Helmingham Hall in Suffolk. Die Säulen wurden tatsächlich von den selben Ziegelmachern in Handarbeit hergestellt; die Ziegelei Bulmar Brick & Tile Company hatte ihren Ursprung in der Mitte des 15. Jahrhunderts. Ein schlichter Baldachin aus schwarzem Schmiedeeisen verbindet die Säulen. Zwei große, elegante Terrakotta-Urnen bewachen den Übergang zur Rasenfläche: Werke des Töpfers Rupert Blamire, zweifellos modern, doch ebenso zweifellos von klassischen Vorbildern inspiriert.

Den Garten umschließt eine Mauer aus Ziegelsteinen, die von einem verfallenen Bauernhaus geborgen wurden; eine Fülle von Kletterpflanzen und tiefe Staudenrabatten in jeder erdenklichen Schattierung von Rosa und Violett nehmen ihr die Härte. Hier finden sich solch klassische Lieblinge wie Rosen, Lavendel, Katzenminze und Clematis mit neueren Sorten, zusammen mit Glockenblume, Edelraute, Wolfsmilch und Funken sprühendem Sternkugellauch (*Allium christophii*). Eine besonders außergewöhnliche Verbindung von Farbe und Form gehen *Allium aflatunense* 'Purple Sensation' und *Iris* 'Deep Black' ein. An der nach Süden gelegenen Wand steht die zum Spalier gezogene Prunkspiere *Exochorda* × *macrantha* 'The

Bride' bereits in sommerlichem Grün; ihre spektakulären Blütentrauben hat sie schon abgeworfen. Riesenschleierkraut (*Crambe cordifolia*) erhebt seine zarten weißen Blütenwolken hoch über die Rabatte; weitere Glanzlichter setzen weißer *Dianthus* 'Mrs. Sinkins' und *Verbascum chaixii* 'Mont Blanc'.

Im Zentrum des Rasens nimmt ein formales buchsgesäumtes Beet die Form der steingefassten Grünfläche auf; es ist ganz mit weißem Aronkelch (*Zantedeschia aethiopica* 'Crowborough') bepflanzt, dessen auffällige Blütenform das Hauptmotiv der schmiedeeisernen Gittereinsätze in der Gartenmauer und des Tores bildet, das in den Naturgarten überleitet. Der Kunstschmied John Churchill führte diese Arbeit aus; dieser Gartenentwurf ist einer von vielen, bei denen andere Künstler hinzugezogen wurden, um einige der so wichtigen Details beizusteuern. Die Rasenfläche endet vor fünf kleinen, im Halbkreis angeordneten Krimlinden (*Tilia* × *euchlora*); allerlei Bäume jenseits der Mauer verstärken das Gefühl der Abgeschiedenheit.

Den formalen Garten ergänzt ein großer „Sessel“ mitten in der gemischten Rabatte mit einem humorvollen Detail: seine Sitzfläche ist eine große Steinplatte, eckig gestutzter Buchs dient als Arm- und Rückenlehne.

**Unten:** Auch wenn die zwei Gärten, die eine Ziegelmauer trennt, ausgesprochen gegensätzlich sind, finden sich einige verbindende Elemente: Yorkstein-Pflaster, schlichte Steinbänke und mehrere Pflanzenarten, die in beiden Seiten vorkommen.

Tritt man durch das Tor in den versteckten Waldgarten, so überquert man ein kleines, ruhig fließendes Bächlein. Auf der linken Seite ragt inmitten eines Naturteiches ein Wasserspiel auf, das die Bildhauerin Louise Gardener aus einem grob bearbeiteten zehn Zentner schweren Portland-Block schuf. Ein unablässiger Wasserstrom entquillt einer Öffnung auf seiner Oberseite und rinnt herab, ohne die Teichoberfläche auch nur zu kräuseln; man hört einzig das sanfte Geräusch des Wassers – ein häufig auserkorenes Mittel der Entspannung.

In dem Gehölz am Ende des Gartens steht versteckt eine antike irische Steinbank; aus einer Spirale aus unregelmäßig in Kies verlegten Yorkstein-Platten zu ihren Füßen entrollt sich der Pfad, neben dem eine Komposition aus waldtypischen Stauden gedeiht. Wogen von Waldstorchschnabel (*Geranium sylvaticum* 'Album' und 'Mayflower', die auch in den Beeten des formalen Gartens wachsen)

treiben zwischen kühn gezacktem Nieswurz und den Blüten der Tränenden Herzen. Die Kerzen des weißen Fingerhutes (*Digitalis purpurea* var. *albiflora*) und das Himmelblau des sauren Boden bevorzugenden Scheinmohns (*Meconopsis betonicifolia*) leuchten vor dem Hintergrund gemischter Sträucher. Der Perückenstrauch (*Cotinus* 'Grace') ergänzt mit burgunderroten Blättern das purpur-bronzene Laub des Schwarzen Holunders (*Sambucus nigra* 'Guincho Purple') und das grauviolette der Bereiften Rose (*Rosa glauca*), während Viburnum und Spiere weiße Lichter hinzufügen. Ein umgestürztes Mauerstück am Ende des Pfades schützt den informellen Garten vor Einblicken.

Wie ein glücklich verheiratetes Paar wartet auch dieser Garten mit zwei selbstständigen Persönlichkeiten auf, die jedoch vieles gemein haben – Seite an Seite in perfekter Harmonie.

**Oben:** Königskerzen, Pfirsichblättrige Glockenblumen (*Campanula persicifolia* 'Chettle Charm'), *Salvia x sylvestris* 'Mainacht', die Französische Rose *Rosa gallica* 'Versicolor' und Zierlauch rahmen den Sitz.
**Gegenüber oben:** Zu Füßen der Bank strahlen Spanische Gänseblümchen (*Erigeron karvinskianus*) und zarte Vergissmeinnicht.
**Gegenüber:** Welch eine Komposition: Katzenminze, *Dianthus* 'Mrs. Sinkins', Ochsenzunge (*Anchusa*), Kardy, Zierlauch, Purpurfenchel und gefüllt blühende Glockenblumen!

# Ein japanischer Teegarten

**Oben:** Der *tsukubai*, hier von Funkien umrahmt, ist das Steinbassin, an dem nach alter Tradition die Gäste einer Teezeremonie die rituelle Waschung der Hände vornehmen.
**Gegenüber:** Der Teepavillon – oder das Gartenhaus – ist nur über eine schlichte Brücke aus zwei versetzten Steinplatten zu erreichen. Neben dem Wasserfall steht ein sehr auffälliger, in Wolkenform geschnittener japanischer Ilex (*Ilex crenata*).

Der traditionelle japanische Garten ist, wenn formvollendet ausgeführt, zweifellos einer der sublimsten Gärten. Ein Hauptgrund dafür ist der ihm zugrunde liegende, tief philosophisch geprägte Buddhismus; nirgendwo wird dieses offensichtlicher als im Teegarten. Im Westen werden japanische Gärten allzu häufig ohne jegliches Verständnis für die grundlegenden Prinzipien des Buddhismus angelegt. Hier jedoch findet sich das seltene Beispiel einer Interpretation der symbolischen Anordnung von Fels, Wasser und Pflanze, durch die ein wahrhaft schöner Garten in abendländischer Umgebung entstand. Zu diesem Zweck hatte sich der Designer Julian Dowle mit seinem Freund und Berufskollegen Koji Ninomiya zusammengetan, einem führenden Vertreter Japans auf dem Gebiet der Gartenkunst.

Auch wenn wir Abendländer vielleicht nicht jede Nuance erfassen, so können wir dennoch einen Einblick in die Philosophie des Buddhismus erlangen, wenn wir die Heiterkeit des japanischen Gartens, das Gefühl der Entspannung und des Einklangs mit der Natur im Ganzen auf uns wirken lassen.

Der Teegarten, japanisch *roji*, ist der Ort, an dem die althergebrachte buddhistische Teezeremonie abgehalten wird. Die Großmeister lehren, man solle sich im Zustand des Seelenfriedens befinden, bevor man mit der Zeremonie beginnt: „*Chisoku anbun* ... Man übt sich in Zufriedenheit, erst dann entfacht man ein Feuer, holt Wasser, kocht es und bereitet den Tee mit eigener Hand. Der so bereitete Tee wird Buddha dargeboten, dann den Gästen gereicht und schließlich selbst genossen." Der Gastgeber einer Teezeremonie wässert den Garten und wäscht die Wege rein, auf denen seine Gäste wandeln. Mit diesen einfachen Handlungen „reinigt" er gleichsam seinen Geist, „legt alle Vorurteile und bösen Leidenschaften ab". Auch der Gast reinigt Hände und Mund am Steinbassin, dem *tsukubai*. In diesem Moment, so heißt es, befindet sich sein Geist im Zustand des „*Shinshin kore rojo* ... Körper und Seele gleichermaßen sind rein und von jedem Schmutz befreit". Dieser Akt der Waschung hat offensichtliche Parallelen in der symbolischen Reinigung durch das geweihte Wasser der christlichen Kirche.

Felsen spielen in vielen japanischen Gärten eine stark symbolische Rolle. Im Teegarten sind sie der „Kern", Quelle des Lebens und des Wassers. Selbst wenn sich der Teegarten in der Stadt befindet, wird in ihm häufig eine Gebirgslandschaft dargestellt, mit grünen Bambus- und Kiefernwäldern. So ist es auch hier, wo die äußerst kühne, schlichte Bepflanzung hinter dem Teehaus aufragt.

**Oben:** Im japanischen Garten finden sich nur wenige Blüten. Hier bilden ausgewachsene Bäume und Sträucher eine Waldlichtung von zeitloser Heiterkeit.

Im Mittelgrund stürzt sich ein Wasserfall vom Berghang und kommt in dem stillen Kiesteich im Vordergrund zur Ruhe. Zwei lange Steinplatten bilden eine versetzte Brücke über den Teich; der Legende zufolge ist der Teufel ein einfältiger Bursche, der nur geradeaus zu laufen versteht. So hofft man, dass er, sollte er einmal jemanden verfolgen, geradewegs über die Brücke läuft, ins Wasser stürzt und ertrinkt. Ein Kiespfad führt um den Teich und in den Wald hinauf. Wo er sich verliert, hat Ninomiya einen kleinen Felsen mit schwarzer Schnur umwunden. Dies bezeichnet man als *tomeishi*; es ist ein stiller Hinweis, dass man weiter nicht gehen kann. Er wurde für die Preisrichter dort angebracht, als Bitte, hier kehrtzumachen.

Keine Ausgabe wurde gescheut, um den Eindruck eines für die Bergregionen im Inneren Japans typischen Waldhangs zu erzeugen. Doch aufgrund der großen Entfernung und komplizierter Quarantäne-Vorschriften ließen sich die Pflanzen nicht direkt von Japan einführen; daher stammen viele aus italienischen Gärtnereien. Die linke Gartenseite ist dicht mit Goldbambus (*Phyllostachys aurea*) bepflanzt, der eine optische Verbindung zu anderen im Wald verteilten Bambusarten herstellt; besonders auffällig ist das schwarze Rohr des *Phyllostachys nigra*.

Einige wenige ganz besondere Bäume wurden aus den Niederlanden herbeigebracht, um dem Garten eine unverwechselbar japanische Prägung und gleichzeitig Reife zu geben. Als erstes ist die japanische Mädchenkiefer (*Pinus parviflora*) zu nennen, die ihrer spitzen Nadeln wegen häufig am Garteneingang gepflanzt wird, um böse Geister fern zu halten. Es ist üblich, einen Ast tief über den Weg hängen zu lassen, damit der Besucher sich beim Betreten verbeuge und so eine Geste der Bescheidenheit vollführe. Der wunderschöne japanische Fächerahorn *Acer palmatum* var. *dissectum* trägt tief eingeschnittenes Laub in sattem Purpur. Am eindrucksvollsten jedoch ist der geformte, kleinblättrige *Ilex crenata*; mit seinen wolkenförmigen Terrassen am gekrümmten Stamm verbindet er die Zierlichkeit eines Bonsai mit dem Eindruck von Beständigkeit, wie ein Baum, der schon seit Ewigkeiten an diesem Berghang wächst. Ein jedes dieser Exemplare ist zwischen dreißig und vierzig Jahre alt. Der Kostenfaktor für die drei Bäume betrug annähernd 6.000 Pfund und verschlang einen Gutteil des Budgets, wenn darin auch alle Transportkosten enthalten waren. Glücklicherweise fielen sie einem Besucher der Ausstellung auf – es war Liebe auf den ersten Blick, und er kaufte sie alle drei! Nun wurzeln sie in einem japanischen Garten in den sanften grünen Hügeln der Cotswolds.

Das Farbenspiel in diesem Garten ist überwiegend auf die mannigfachen subtilen Grüntöne des Blattwerks beschränkt, von den helleren Tönen der Funkien und des Bambus bis zu den dunklen Nadeln der Koniferen. Im Kontrast zu dem Grün steht das satte dunkle Bordeaux des Japanischen Ahorns.

Im ganzen Garten findet sich nur eine einzige Blume, die Sibirische Iris am Teichrand. Und eigenartigerweise war immer nur eine einzige Blüte geöffnet – verblühte diese, so folgte die nächste ...

**Unten:** Ein zierliches Tor aus Bambusgeflecht steht am Eingang zu dem Garten.

# GARTEN DER REFLEXION

**Oben:** Die Blütenform des Aronkelches wiederholt sich in dem eleganten Segeltuch-Baldachin.
**Gegenüber:** Glatt gesägte Stufen aus Yorkstein lenken den Blick von den überquellenden Rabatten auf die stillen Lichtreflexe der Kanaloberfläche.

Dieser Gartenentwurf für einen Stadt- oder Dachgarten erkundet die Verbindung moderner Architektur mit traditionell verwurzelter Bepflanzung. Designer Michael Balston beabsichtigte, die Vergangenheit zu reflektieren und gleichzeitig einen Blick auf das neue Millennium zu werfen.

Auf einer Seite recken sich dünne Hightech-Stahlmasten mit Querstreben in die Höhe, an denen Segeltuch-Baldachine verspannt sind; der Entwurf stammt von dem Ingenieurbüro Happold, das unter anderem für den Millennium Dome in London verantwortlich zeichnet, und erinnert an die Großsegel der alten Windjammer. Sie spiegeln sich in dem klaren, seichten Kanal, der parallel zu einem gebeizten, schräg beplankten Holzdeck verläuft. Der selbe Winkel findet sich bei den schmalen Stufen aus York-Stein wieder, die den Rasen dreiteilen. Die Stufen haben ihren Ursprung in breiten Strauchrabatten und enden bei adretten, dreieckigen Aronkelch-Beeten, welche Wegmarken am Kanal darstellen. Die Dynamik der Diagonalen transformiert den rechteckigen Grundriss der Parzelle, und doch bleibt durch die unbewegte Wasserfläche des Kanals das allgemeine Gefühl der Ruhe erhalten.

Im Blickpunkt dieses Gartens steht eine glänzende, facettierte Edelstahlwand auf einer erhöhten Plattform aus gesägtem York-Stein. In ihrem Zentrum erhebt sich auf geschweiften Stahlstreben ein Baldachin; er nimmt die Formen des Aronkelchs und der Gunnera auf und fungiert zugleich als Sonnenschirm, Regenwasser- und Solarkollektor für die Gartenbeleuchtung.

Das tiefe Hauptbeet mit Bäumen, Sträuchern und Stauden ist um die Edelstahlwand herumgeführt. Die Bepflanzung wurde nach ihrer Textur und Farbe ausgewählt; das purpurrote Laub des Fächerahorns (*Acer palmatum* 'Bloodgood') lässt die silbrige Edelraute (*Artemisia ludoviciana*) und die metallisch violetten Blütenkugeln des Sternkugellauchs (*Allium christophii*) hervorstechen. Verschiedene Sträucher wie Judasbaum (*Cercis*), Viburnum, Glanzmispel (*Photinia*) und Rhododendren sind großzügig mit tektonischen Gewächsen gemischt, darunter Neuseeland-Flachs (*Phormium*), Yucca und Fächerpalme (*Chamaerops humilis*). Mit dem bewährten Rahmen aus Pflanzenklassikern, der die Zukunftsvision noch hervorhebt, erlangte dieser Garten die höchste Auszeichnung als „Best in Show".

# Ein Garten goldener Erinnerung

**Oben:** Die Wasser speiende Terrakotta-Sonne, die hinter dem chinesischen Mondfenster zu sehen ist, bildet den visuellen Schwerpunkt des Gartens. Sachte strömt das Wasser durch das Mondfenster in ein tiefer gelegenes Becken.

Dieser Garten, für den wohltätigen Verein „Help the Aged“ entworfen, ist voll warmer Goldtöne – ein Garten, in dem man sich entspannt und seinen Erinnerungen nachhängt, umherspaziert oder auf einer Bank den Frieden und die Ruhe genießt.

Obgleich der Designer Robin Williams bei diesem Garten an Senioren dachte, schien es ihm doch zu vereinfachend, „einen“ Garten für „die“ Senioren zu schaffen, als ob man darin jedem Bedürfnis entgegenkommen könne. Ältere Menschen haben sehr unterschiedliche Bedürfnisse: Manche sind so fit wie wesentlich jüngere Menschen, andere dagegen haben wirkliche Behinderungen, die berücksichtigt werden müssen. Dieser Garten könnte als Gemeinschaftsbesitz konzipiert werden, der auch anderen offen steht und eventuell von diesen gepflegt wird.

Im Mittelpunkt des Gartens steht eine Wasseranlage: Eine keramische Scheibe mit strahlender Sonne spritzt einen Wasserstrahl in ein stilles Becken; man blickt auf sie durch ein chinesisches Mondtor oder, besser gesagt, Mondfenster.

Dieses ist aus Ziegeln wunderschön in konzentrischen Kreisen gemauert; für den innersten Kreis wurden ausschließlich abgeschrägte Sonderformen verwendet, um das Bild nicht durch hässlich gespreizte Fugen zu verunstalten.

Damit das Wasser nicht am niedrigsten Punkt in einem kleinen Rinnsal aus dem Mondfenster austritt, wurde vor die Ziegel eine Klarglasscheibe montiert, die eine „Staustufe" *en miniature* bildet, wodurch der Wasserfall breiter und voller durch die Öffnung strömt. Der Wasserspeier wie der Wasserfall bringen neben dem beruhigenden Klang sanft rieselnden Wassers eine natürliche Lebendigkeit in den Garten.

Seitlich der Wasseranlage erhebt sich ein imposanter Wintergarten im gotischen Stil, durch den sich der Garten das ganze Jahr genießen lässt. In der kühleren Jahreszeit ist er ein heller, luftiger Aufenthaltsort; das Glas schützt vor den Elementen und nutzt das Sonnenlicht ideal. Die Rückwand des Wintergartens ist verspiegelt; hierdurch wird nicht nur die Mauer kaschiert, sondern eine Illusion

**Oben:** Ein überzeugender Gartenplan, bei dem die offene Rasenfläche vor der Wasseranlage und der ringsum führende Weg zu jedem Teil des Gartens Zugang gewähren.

**Oben:** Eine entzückend modellierte Terrakotta-Katze namens Claude balanciert am Rande eines Ziegelpfeilers und angelt mit der Tatze nach einem ahnungslosen Ton-Schmetterling, der sich am Mäuerchen niedergelassen hat. Katze und Schmetterling wurden nach Robin Williams' Entwurf von dem Töpfer Christopher Hemstock gefertigt. Dieses reizende Detail ist charakteristisch für den warmen, einladenden Garten voll zeitloser Magie.

**Gegenüber:** Das gedämpfte Weiß und Gelb der Pflanzen lassen den Garten geräumiger erschei nen; sie erinnern an den Frühling, die Zeit der Hoffnung, Energie und Lebensfreude. Hier und da komplementiert Violett die vielen Gelbtöne und führt so das Farbschema zur harmonischen Auflösung.

der Weite erzeugt. Ist es draußen warm, werden Fenster und Türen geöffnet und das Bauwerk wird zum sommerlichen Speisesaal, der eine Ausdehnung bis auf die breite, gepflasterte Terrasse finden kann.

Um den Zugang zu erleichtern, führt ein großzügiger Weg aus Natursteinpflaster, das mit Ziegelsteinen eingefasst ist, rings um den Garten. Hier stehen schlichte, weiß lackierte Bänke, von denen man den Garten aus unterschiedlichen Blickwinkeln betrachten kann. Eine der Bänke steht im Schatten eines Baumes nahe einer Sonnenuhr, mit Blick über die offene Gartenfläche bis zu dem Mondfenster und dem Wintergarten. Eine andere steht versteckt im dicht bepflanzten Winkel neben dem Wasserbecken, wo man sich ganz dem Plätschern des Wassers und dem Wohlgeruch der Pflanzen hingeben kann.

Im ganzen Garten überwiegt das gelbe Farbspektrum, von strahlendem Gold bis hin zu sanften Pastelltönen; blaue, violette und weiße Tupfer muntern das Bild auf.

Das größere Wasserbecken spiegelt die tiefgelben Blüten der Wasser-Schwertlilie (*Iris pseudacorus*); der Anblick wird von dem Mondfenster eingerahmt, das die Kletterrose *Rosa* 'Seagull' mit weißen Blütenwolken umgibt. Die Beete zu beiden Seiten des kleineren Beckens sind angefüllt mit dem panaschierten Laub des Weißen Hartriegels (*Cornus alba* 'Elegantissima'), einem Meer schwefelgelber Königskerzen (*Verbascum* 'Gainsborough') und der Moschushybride *Rosa* 'Buff Beauty' in warmem Apricot; über allem schweben die durchscheinend blauvioletten Blütenblätter der Bartiris 'Jane Phillips'. An anderer Stelle mischt sich die duftende Blütenfülle der sahneweißen *Rosa* 'Tynwald' unter die buschigen Zweige des Spindelstrauches *Euonymus fortunei* 'Emerald'n'Gold'. Auch die Bäume sind Teil des Farbenspiels: Die Blätter des Spitzahorns *Acer platanoides* 'Drummondii' sind breit cremefarben gesäumt, und die des Traubenholunders *Sambucus racemosa* 'Plumosa Aurea' leuchten goldgelb.

In diesem Garten ist der Rasen, der grüne Anger, die wichtigste Komponente. Eine makellose Rasenfläche hat etwas sehr Beruhigendes und Tröstliches an sich. Die einfache Tatsache, dass sie regelmäßig gepflegt wird, kann vielen älteren Menschen ein Gefühl der Beständigkeit und Kontinuität vermitteln.

**Gemischte Rabatten**

*Acer platanoides* 'Drummondii' (Spitzahorn)
*Athyrium felix-femina* (Wald-Frauenfarn)
*Aucuba japonica* 'Crotonifolia' (Goldorange)
*Campanula poscharskyana* 'Stella' (Hänge--Polsterglockenblume)
*Cornus alba* 'Elegantissima' (Weißer od. Tatarischer Hartriegel)
*Carex oshimensis* 'Evergold' (syn. *C. oshimensis*, Segge)
*Cotinus coggygria* (Perückenstrauch)
*Euonymus fortunei* 'Emerald'n'Gold' (Kletter-Spindelstrauch); *Euonymus fortunei* 'Variegatus'
*Genista hispanica* (Spanischer Ginster)
*Hosta* 'Thomas Hogg' (Funkie)
*Hypericum* 'Hidcote' (Johanniskraut)
*Iris pseudacorus* (Wasser-Schwertlilie)
*Iris sibirica* (Sibirische Iris)
*Iris* 'Olympic Torch'
*Lavandula angustifolia* 'Hidcote' (Echter Lavendel)
*Lupinus* 'Chandelier'
*Phormium tenax* Purpureum Gruppe (Neuseeländer Flachs)
*Rhus typhina* '*Laciniata*' (Hirschkolben-Sumach)
*Sambucus nigra* 'Guincho Purple' (Schwarzer Holunder)
*Sambucus racemosa* 'Plumosa Aurea' (Traubenholunder)
*Santolina chamaecyparissus* var. *nana* (Zypressen-Heiligenkraut)
*Solanum crispum* (Kletternder Nachtschatten)
*Verbascum chaixii* 'Gainsborough' (Österreichische Königskerze)
*Wisteria sinensis* (Chinesische Glyzine); *Wisteria brachybotrys* 'Shiro Kapitan' (syn. *W. venusta*, Glyzine 'Shiro Kapitan')

**Rosen**

*Rosa* 'Buff Beauty'; *Rosa* 'Golden Jubilee' ; *Rosa* 'Perle d'Or'; *Rosa* 'Seagull'; *Rosa* 'Tynwald'

# IM GRÜNEN FORST

**Oben:** Die Holzhütte ist typisch für das ländliche Finnland – und diese ist sogar echt, denn man hat sie eigens importiert. Königskerzen *Verbascum* 'Gainsborough' und *Iris* 'Amber Queen' bringen Sonnenschein in die Lichtung.
**Gegenüber:** Leuchtend gelbe Nelkenwurz *Geum* 'Georgenburg', tiefblauer Günsel *Ajuga reptans* 'Catlin's Giant' und das blassere Blau des Lerchensporns *Corydalis flexuosa* 'Père David' dominieren die Pflanzenfülle neben dem grasbewachsenen Pfad.

Dieser Garten ist eine außergewöhnliche Leistung und zeigt, welche Anstrengungen ein Designer unternimmt, damit sein Garten bis ins kleinste Detail authentisch wirkt. Die Gestalterin Julie Toll arbeitete bei diesem Projekt mit der Handelsorganisation Pro Carton zusammen, welche ihr ehrliches Engagement für nachhaltige Forstwirtschaft bei der Produktion von Papier und Verpackungsmaterial zum Ausdruck bringen will. Es war beabsichtigt, einen typischen Flecken skandinavischen Nadelwaldes nachzubilden und zu demonstrieren, wie sich in eine solche Umgebung ein Naturgarten einfügen lässt.

Damit Julie Toll ein Gefühl für die Waldgemeinschaft und die Pflanzenarten, die an unterschiedlichen Standorten gedeihen, entwickeln konnte, nahmen die Sponsoren sie mit nach Finnland, wo sie neben bewirtschafteten Wäldern auch einen Urwald besuchte, an den kein Mensch jemals Hand angelegt hatte. Es war faszinierend und inspirierend, die Unterschiede zu studieren, besonders dort, wo die menschliche Einflussnahme sichtbar wurde. Sie untersuchte auch die verschiedenen Arten von Unterholz, das Hochmoor und anstehendes Gestein, Details, die sie in ihrem Garten nachvollziehen wollte.

Der ursprüngliche Plan der Sponsoren war es gewesen, mehrere Bäume im Wald auszuwählen und sie mit einem der riesigen Containerschiffe zu trans-

**Oben:** Die Lichtung neben der Hütte füllt ein charmantes Durcheinander von Kulturpflanzen und Wildblumen, darunter Margeriten, die leuchtend violett-rosa Wiesen-Siegwurz (*Gladiolus communis* subsp. *byzantinus*), Ehrenpreis (*Veronica gentianoides*), Skabiosen, Präriekerzen (*Camassia leichtlinii*) und Wiesenstorchschnabel (*Geranium pratense*).

portieren, auf denen das Papier befördert wird. Dann stellten sie fest, dass lebende Bäume äußerst strikten Einfuhrbestimmungen unterliegen – hauptsächlich wegen eines üblen kleinen Käfers, der nicht willkommen ist. So sahen sie sich genötigt, einen ähnlichen Nadelwald in Großbritannien ausfindig zu machen! Glücklicherweise wusste ein Transportunternehmen für Bäume von einem solchen Waldgebiet in Surrey; die Kiefern-Fichten-Pflanzung war vor langer Zeit zur Holzgewinnung angelegt und aufgegeben worden. Perfekt. Es wurde eine Auswahl getroffen, und auf einem brach liegenden Landstück neben dem Wald wurde der Garten in seinen Grundzügen geplant. Die Bäume wurden provisorisch umgepflanzt, wobei man so viel Wurzelmasse wie möglich erhielt. Man befand sich mitten im Winter; bis die Bäume benötigt wurden, würden noch etwa sechs Monate vergehen.

Die nächste Herausforderung stellte sich mit dem Blockhaus. In ganz Finnland gibt es offensichtlich viele solcher Hütten oder kleiner Heuschober, die von den Bauern nicht länger genutzt werden und verfallen. Man traf seine Wahl, zerlegte die Hütte und verpackte sie für den Transport.

Für den Nachbau der kleinen Torfmulden unternahm Julie Toll einen Ausflug nach Irland. Eifrige Suche führte sie in ein Gebiet, wo auf Schichten lebenden Torfmooses herrliche farbige Flechten in Grau-, Grün- und Rottönen wuchsen. Man stach davon würfelförmige Soden ab und verpackte sie für den Flug in Plastikbehälter. In einem schottischen Steinbruch trieb man große verwitterte Granitbrocken auf, welche die charakteristischen Felsnasen des Waldgebietes verkörpern sollten.

Nun war alles vollständig und brauchte nur noch auf dem Ausstellungsgelände zusammengefügt zu werden. Als erstes wurden die Waldriesen auf sechs gewaltigen Sattelschleppern herbeitransportiert, die sich nur mit Mühe zwischen den großen Ziegelpfeilern des Haupteingangs hindurchzwängen konnten. Ein großer Kran hob jeden Baum an seinen Platz. Der Vorgang entpuppte sich als äußerst nervenaufreibend, vor allem das Aufrichten der mehrere Tonnen schweren Bäume aus der Horizontalen in die Vertikale. Die ersten zwei fielen beinahe, als ihre metallenen Wurzelkäfige zersprangen. Sobald die Bäume an Ort und Stelle waren, wurden die Granitfelsen gebracht und eingebettet.

Nun wurde die Hütte „ausgepackt“ und auf halber Höhe des Hanges, an den Waldrand geschmiegt, wieder zusammengefügt. Auf einer schlichten Holzveranda vor der Hütte steht neben einem traditionellen skandinavischen *Arts and Crafts*-Sitz eine Sammlung oberflächenbehandelter Pappmaché-Blumentöpfe, Leihstücke des schwedischen Landschaftsarchitekten Ulf Nordfjel. Diese Ausstattung unterstreicht die implizite Botschaft, dass jeder Bestandteil dieses Gartens letzten Endes ein Holzprodukt ist.

Breite, mit Holzhäcksel gefüllte Stufen mit Trittkanten aus unbehandelten Schwellen führen von der Hütte zu einem ausgewitterten Plankenpfad entlang der feuchten Torfmulde. Hier gedeihen Grasbüschel und sauren Boden liebende, ausdauernde Pflanzen; die Wattebäusche des Wollgrases (*Eriophorum callitrix*) tanzen neben den lang gestielten goldbraunen Blütendolden der Waldhainsimse (*Luzula sylvatica*).

**Oben:** Ein klassischer skandinavischer *Arts and Crafts*-Sitz mit Blick über die Waldlichtung.

**Bäume**

*Betula pendula* (Silberbirke)
*Picea abies* (Gemeine Fichte, Rottanne)
*Pinus sylvestrs* (Föhre)
*Salix caprea* (Salweide)
*Sorbus aucuparia* (Eberesche)

**Pflanzen für Schatten/Halbschatten**

*Ajuga reptans* (Kriechender Günsel)
*Alchemilla mollis* (Frauenmantel)
*Campanula persicifolia* (Pfirsichblättrige Glockenblume)
*Carex pendula* (Hängesegge)
*Carex sylvatica* (Waldsegge)
*Convallaria majalis* (Maiglöckchen)
*Corydalis flexuosa* 'Père David' (Lerchensporn)
*Deschampsia cespitosa* (Rasenschmiele)
*Digitalis purpurea* (Roter Fingerhut)
*Euphorbia amygdaloides* (Mandelblättrige Wolfsmilch)
*Galium odoratum* (Waldmeister)
*Geranium robertianum* (Ruprechtskraut)
*Hesperis matronalis* (Gemeine Nachtviole)
*Silene dioica* (Rote Lichtnelke)
*Teucrium scorodonia* (Salbei-Gamander)
*Viola tricolor* (Wildes Stiefmütterchen)

**Pflanzen für feuchte/moorige Stellen**

*Eriophorum angustifolium* (Schmalblättriges Wollgras)
*Filipendula ulmaria* (Echtes Mädesüß)
*Geum rivale* (Bach-Nelkenwurz)
*Iris sibirica* 'Tropic Night' (Sibirische Iris)
*Luzula sylvatica* (Große Waldhainsimse)
*Lythrum salicaria* (Blutweiderich)
*Menyanthes trifoliata* (Fieberklee)
*Myosotis scorpioides* (Sumpf-Vergissmeinnicht)
*Persicaria bistorta* (Wiesenknöterich)
*Tiarella cordifolia* (Schaumblüte)

**Pflanzen für offene Lagen**

*Achillea* 'Moonshine' (Schafgarbe)
*Alopecurus pratensis* (Wiesenfuchsschwanz)
*Anthoxanthium odoratum* (Wohlriechendes Ruchgras)
*Calluna vulgaris* (Besenheide)
*Camassia leichtlinii* (Präriekerze)
*Centranthus ruber* (Rote Spornblume)
*Festuca ovina* (Schafschwingel)
*Geranium pratense* (Wiesenstorchschnabel)
*Geum* 'Georgenburg' (Nelkenwurz)
*Gladiolus communis* subsp. *byzantinus* (Wiesensiegwurz)
*Iris* 'Amber Queen'
*Leucanthemum vulgare* (Margerite)
*Myrrhis odoratus* (Süßdolde)
*Nepeta* 'Six Hills Giant' (Katzenminze)
*Ranunculus acris* (Scharfer Hahnenfuß)
*Reseda luteola* (Färber-Resede)
*Salvia pratensis* (Wiesensalbei)
*Salvia* × *superba* (Salbei)
*Scabious* spp. (Skabiosen in Sorten)
*Tradescantia* × *andersoniana* (Dreimasterblume)
*Trifolium pratensis* (Rotklee)
*Verbascum* 'Gainsborough' (Königskerze)
*Veronica gentianoides* (Ehrenpreis)

**Unten:** Rote Lichtnelken und Süßdolde (*Myrrhis odorata*) drangeln sich neben dem rustikalen Zaun; im Vordergrund die strahlende Nelkenwurz *Geum* 'Georgenburg'.
**Gegenüber:** Im Wasser des Waldteiches steht *Iris sibirica*, dahinter gedeihen *Persicaria bistorta*, Schaumblüte (*Tiarella cordifolia*), Vergissmeinnicht und Fingerhut.

Quer durch eine kunterbunte Mischung verschiedener Gräser und blühender Stauden, die sich auf den offenen Lichtungswiesen und im Halbschatten gleichermaßen wohl fühlen, schlängelt sich ein grasbewachsener Pfad zum Wald hinauf. Am Wegessaum blüht sonnengelbe Nelkenwurz (*Geum* 'Georgenburg'); leuchtend blauer Günsel (*Ajuga reptans* 'Catlin's Giant') lässt sie besonders hell erstrahlen.

Auf ihren Reisen waren Julie Toll rustikale Birkenzäune aufgefallen: Bei ihnen wird die Baumrinde benutzt, um das entrindete Stangenholz zusammenzufügen. Ein Vater-Sohn-Team wurde eigens aus Finnland eingeflogen, damit diese Arbeit auch wirklich auf traditionelle Weise ausgeführt wurde. Die noch feuchte Rinde musste dazu über einem Feuer „geräuchert“ werden, um sie geschmeidig zu machen. Also wurde ein kleines Holzfeuer entfacht und mit dem Räuchern begonnen, was unter dem Sicherheitspersonal für große Aufregung sorgte – man glaubte, ein kleiner Waldbrand sei ausgebrochen!

# Ein Hoch auf Gertrude Jekyll

**Oben:** Mit einer solchen Iris-Rinne lässt sich ein zauberhaftes Wasserelement auch in einen relativ kleinen Garten einfügen. **Gegenüber:** In jeder gemischten Rabatte spielt die Höhe eine besondere Rolle. Hier ist es die samtig violette *Iris sibirica* 'Caesar's Brother', die, von Fingerhut, Akelei und Lupinen unterstützt, diesen Part übernimmt.

Dieser Garten sollte Gertrude Jekylls 150sten Geburtstag im Jahre 1993 feiern; es ist jedoch schwierig, von Jekyll zu sprechen, ohne die zweite Hälfte jener einzigartigen Partnerschaft zu erwähnen, den Architekten Sir Edwin Lutyens. Er war es, der die Anlage und Struktur der Gärten entwarf, denen Jekyll dann tiefere Substanz durch ihre Pflanzungen verlieh. Ihre künstlerische Ausbildung in jungen Jahren und die Malerei, der sie ihr Leben lang frönte, ließen ihr einen besonderen Blick für Farbe und Form zuteil werden. Hier sehen wir, wie die Designerin Jane Fearnley-Whittingstall es erreicht hat, eine Reihe von Aspekten beider Talente auf relativ engem Raum zu konzentrieren.

Das Rückgrat des Gartens bildet die Iris-Rinne, ein seichter Kanal von etwa 3 cm Tiefe, in dem gleichmäßig fließendes Wasser ideale Wachstumsbedingungen für die feuchtigkeitsliebenden Iris und Trollblumen schafft. Die Rinne mündet in einen kreisrunden Schöpfbrunnen mit konzentrischen Stufen, eines von Jekylls liebsten Gartenattributen. Er ist kein rein dekoratives Element; man soll hier wirklich seine Gießkanne eintauchen, und selbst wenn der Wasserstand abgesunken ist, kann man hinabsteigen und seine Kanne bequem füllen.

Das Pflastermuster ist typisch für Lutyens, eine Kombination von Naturstein und Ziegel. Strahlenförmig verlegter Stein führt von dem Becken fort; kaum merkbar gleicht sich der geringe Höhenunterschied zu den ziegelgepflasterten Wegen aus, die auf beiden Seiten an den tiefen Staudenrabatten entlangführen. In einer Ecke steht ein traditionelles Sommerhäuschen im Lutyens-Stil, an das sich eine Pergola aus unbehandelter Eiche anschließt, ein bezauberndes Rankgerüst für die Kletterrosen. Das Sahneweiß von *Rosa* 'Rambling Rector' vermischt sich delikat mit dem Buttergelb von *Rosa* 'Emily Gray'; dieses sind zwei der Duftrosen, die Gertrude Jekyll liebte.

Den Garten umschließt eine hohe Mauer, hier und da von einem runden Durchblick durchbrochen, dessen Rand ein Ring aus hochkant gelegten Dachziegeln bildet. Diese subtile Verbindung von Garten und Haus ist ein weiteres Erkennungsmerkmal Lutyens'.

Der Überfluss an Stauden ist typisch für Jekylls Stil. Kräftige, warme Farben sind sorgfältig gegen kühlere, blassere Töne ausbalanciert; das Rot der Wolfsmilch *Euphorbia griffithii* 'Fireglow' und das leuchtende Gelb der Akelei *Aquilegia longissima* gehen allmählich in die Lavendel- und Blautöne von *Iris sibirica* und Alpenakelei (*Aquilegia alpina*) sowie von *Lupinus* 'Thundercloud' über.

**Staudenrabatten**
*Alchemilla mollis* (Frauenmantel)
*Aquilegia alpina* (Alpen-Akelei)
*Aquilegia longissima* (Akelei)
*Crambe maritima* (Meerkohl)
*Cynara cardunculus* (Spanische Artischocke, Kardy)
*Digitalis purpurea* (Roter Fingerhut)
*Euphorbia griffithii* 'Fireglow' (Wolfsmilch); *Euphorbia characias* subsp. *wulfenii* (Palisaden-Wolfsmilch)
*Geranium* 'Johnson's Blue' (Storchschnabel)
*Hemerocallis* 'Hyperion' (Taglilie)
*Hesperis matronalis* (Nachtviole)
*Hosta sieboldiana* var. *elegans* (Blaublattfunkie)
*Hydrangea arborescens* 'Annabelle' (Strauch-Hortensie)
*Iris sibirica* 'Caesar's Brother' (Sibirische Iris)
*Lavandula angustifolia* 'Munstead' (Echter Lavendel)
*Lavandula stoechas* subsp. *pedunculata* (Schopflavendel)
*Lupinus* 'Thundercloud'
*Omphalodes cappadocica* (Gedenkemein)
*Paeonia lactiflora* 'Sarah Bernhardt' (Garten-Pfingstrose)
*Parthenocissus henryana* (Wilder Wein)
*Polemonium caeruleum* (Jacobsleiter)
*Polystichum setiferum* (Borstiger Schildfarn)
*Rosa* 'Albertine'; *Rosa* 'Emily Gray'
*Rosa* 'Gertrude Jekyll' (Strauchrose)
*Rosa* 'Rambling Rector'
*Viola cornuta* 'Lilacina' (Hornveilchen)
*Zantedeschia aethiopica* 'Crowborough' (Aronkelch)

**Rinne und Brunnen**
*Iris laevigata* (Iris)
*Iris sibirica* (Sibirische Iris)
*Myosotis scorpioides* (syn. *M. palustris*, Sumpf-Vergissmeinnicht)
*Primula chungensis* (Etagenprimel)
*Trollius × cultorum* 'Earliest of All' (Trollblume)

# Le Bosquet de Chanel

**Oben:** Aufrecht in ihrer Buchennische steht die goldene Venus de' Medici ganz im Blickpunkt des Gartens.
**Gegenüber:** Das *parterre de broderie* im Zentrum ziert ein verschlungenes Buchsbaummuster.

Diese Gartenkreation ist als Tribut an eine außergewöhnliche Frau des 20. Jahrhunderts ersonnen, eine Frau, die der Modewelt für immer ihren Stempel aufgedrückt hat – „Coco" Chanel (1883–1971), Schöpferin von Mode und Parfums.

Karl Lagerfeld, Leiter der Modeabteilung bei Chanel, erteilte dem Designer Tom Stuart-Smith den Auftrag, einen weißen Garten im barocken Stil zu entwerfen. Stuart-Smith stellte sich diesen bosquet oder Hain am Ende der Hauptblickachse einer größeren Anlage liegend vor. Die Inspiration fand er im Hochbarock im Frankreich des 17. Jahrhunderts, jener Phase, die in den Arbeiten von Jacques Boyceau und besonders André le Nôtre mit den Schlössern von Vaux-le-Vicomte, Fontainebleau und Versailles ihren Höhepunkt fand.

Auf zwei Seiten gewähren prächtige Buchentore Einblick in den Garten. Dem Designer waren diese gut vier Jahre zuvor in einer Baumschule in Süddeutschland aufgefallen. Als der Gartenentwurf stand – ein Jahr vor der Ausstellung –, wurden die Bäume nach England gebracht, wo man sie in einem riesigen Gewächshaus der Gärtnerei Waterer auf einer genauen Nachbildung des Gartens zu Paaren zusammenstellte, um sie zu Bögen zu ziehen.

Sorgfältig gestutzte Buchsbaumhecken begrenzen gemischte Rabatten voller weiß blühender Sträucher und Stauden, lauter Varianten des Leitmotivs. Aus einem Meer weißer Schwertlilien (*Iris* 'White City') und Akelei (*Aquilegia vulgaris* 'Nivea') ragen die Blütenstände der Königskerze *Verbascum bombyciferum* 'Mont Blanc' und die silbergrauen Blätter der Eselsdistel (*Onopordum acanthium*). Die großen weiß gefüllten Blütentrauben der duftenden Fliedersorte *Syringa vulgaris* 'Madame Lemoine' leisten den Spitzenhäubchen des Schneeballs *Viburnum sargentii* 'Onondaga' über Wogen weißen Fingerhutes Gesellschaft. Ihnen zu Füßen tummeln sich verschiedene Storchschnabelarten (*Geranium sylvaticum* 'Album', *G. phaeum* 'Album' und *G. clarkei* 'Kashmir White') auf einem Waldmeisterteppich (*Galium odoratum*). Und natürlich findet man hier Coco Chanels geliebte Kamelien: *Camellia* 'Mathotiana Alba', *C.* 'Nobilissima', *C.* 'Serenade' und andere. Hier stellte sich das Problem, sie passend zur Gartenschau Mitte Mai zur Blüte zu bringen. Man hielt sie daher im Kühlhaus, um sie daran zu hindern, wie sonst zum Jahresbeginn zu blühen.

Im Mittelpunkt des Gartens befindet sich ein exquisiter *parterre de broderie*, der französische Parterregarten, in dem sich die Bourbonen-Lilie und die ineinander verschlungenen „C"s des Chanel-Monogramms abwechseln. Über zweitausend Buchsbäumchen waren durch eine Schablone in dreißig nummerierte Pflanzkörbe gesetzt worden, damit man später alles hochheben und zum Ausstellungsort transportieren konnte. Dort ließ sich das Bild wie ein riesiges Puzzle wieder zusammensetzen; alle Teil passten perfekt aneinander, sodass nur minimale Korrekturen notwendig waren, um dem Parterre das Aussehen eines festverwurzelten Gartenelements zu geben. Der Kies, der Weg und Muster füllt, lässt die Pflanzkörbe spurlos verschwinden. Um sicherzugehen, dass die Büsche in bestem Zustand waren, hatte man sie bereits ein Jahr zuvor gesetzt; so konnte man sie ganz nach Bedarf düngen und stutzen.

Den Garten betritt man an zwei Seiten, jeweils über wenige kleine, makellos gearbeitete Stufen aus Yorkstein. Ursprünglich war dafür Purbeck-Marmor vorgesehen, doch dieser Steinbruch wurde überflutet, und obgleich jedermann bereit war, sich bis zum letztmöglichen Zeitpunkt zu gedulden, musste man sich schließlich doch für Yorkstein entscheiden.

Zu beiden Durchlässen gehört ein eigener Blickfang. Der erste ist eine ansehnliche Sitzbank, welche die Möbeltischlerin Maureen Brown nach einem Vorbild William Kents, eines Architekten, Designers und Landschaftsgärtners des 18. Jahrhunderts, fertigte. Sie ist in einem Buchentor platziert; über ihr schwebt eine Buchsbaumkugel in der Öffnung.

Unbestrittener Mittelpunkt des Gartens jedoch ist eine vergoldete Venusstatue; es ist die Venus de' Medici, ein berühmtes antikes Standbild. Im 18. Jahrhundert hatte sich eine ähnliche Statue in der Rotunde der berühmten Landschaftsgärten in Stowe in Buckinghamshire befunden, über die der Dichter Gilbert West (1703–1756) folgendes schrieb: „Doch seht! inmitten dieser großen Pracht Wölbt sich die Kuppel über Zyperns güldner Königin ...". Die Statue war Anfang des 19. Jahrhunderts abhanden gekommen, und der National Trust suchte nach einem Ersatz, um den alten Glanz der Rotunde wiederherzustellen. Bei der hier ausgestellten Ausführung handelt es sich um den Abguss von Massimiliano Soldani Benzis Venus von Blenheim Palace, die der Statue von Stowe am ähnlichsten sein soll. Chanel finanzierte die Vergoldung, da man versichert hatte, dass der National Trust die Statue später in Stowe aufstellen würde. Es gab ein leises Murren, die hochglanzvergoldete Figur sei ein wenig vulgär, doch der Designer beteuert, sie entspreche genau dem barocken Zeitgeist; der Sonnenkönig Ludwig XIV. wäre sehr empört gewesen, hätte man ihm vorgeschlagen, seine prächtigen Statuen künstlich zu altern oder mit Patina zu versehen!

**Oben:** Die elegante Gartenbank basiert auf einem Entwurf William Kents aus dem frühen 18. Jahrhundert.

**Gegenüber:** Ein „weißer Garten" *par excellence*: Hier scharen sich Iris, Akelei, Königskerze und Wolfsmilch um die silbern aufragende Eselsdistel.

# Der Seemannsgarten

**Oben und gegenüber:** Die Wellen, die sich sanft am Kiesstrand kräuseln, entführen uns mit diesem Garten in ein abgeschiedenes Refugium an der See. Gräser, Ginster und andere Pflanzen mit kleinen, schmalen oder nadelförmigen Blättern wurden für ihn auserkoren, da sie dem salzigen Seewind leichter trotzen.

Dieser Garten ist nicht nur aufgrund seiner Thematik außergewöhnlich, sondern auch deshalb, weil er von der Abschlussklasse des Merrist Wood College in Surrey angelegt wurde. Seit geraumer Zeit hat das College sich durch die Qualität seiner Gartenanlagen einen beachtlichen Ruf erworben; insgesamt hat es schon elf Goldmedaillen gewonnen. Hierfür ist größtenteils die leitende Hand des obersten Studiendirektors Geoff Ace verantwortlich, der einen hervorragenden Blick für Details und eine Begabung hat, das besondere Ambiente zu schaffen. Dieser Gartenentwurf stammt von dem Studenten James Dixon, der sich ein abgeschiedenes Refugium für einen Seemann vorstellte. Nach einem arbeitsreichen Leben hat sich der Mann zur Ruhe gesetzt und genießt an warmen Sommertagen schöne Stunden, sanft in seiner Hängematte schaukelnd, mit den Gedanken in vergangenen Zeiten, bei hoher See und reichem Fang.

Die altertümlichen, geflochtenen Hummerkörbe und die feinmaschigen Fischernetze sind Andenken an die Vergangenheit; die Plastikausgaben der heutigen Zeit sind ästhetisch weit weniger ansprechend. Die Balken der Uferbefestigung wurden irgendwo an der Küste Südenglands bei Erneuerungsarbeiten im Zuge eines Küstenschutzprojektes gerettet; ihre realistische Wirkung wird durch

das für Küstenregionen typische Granitpflaster ergänzt, das sich ideal für Terrasse und Garten eignet.

Der außergewöhnlichste Teil dieses Gartens ist wohl der „Meeresstrand" inklusive Treibgut, Strandhafer (*Ammophila arenaria*) und sanftem Wellengeplätscher. Das Wasser war tatsächlich salzig, damit der Seetang gedieh und die Luft einen Salzgeschmack erhielt! Eine einfache elektrische Pumpe hatten die Studenten mit einer entsprechenden Übersetzung und einer Planke zu einer „Wellenmaschine" umgebaut. Hiermit ließ sich die äußerst geringfügige Wasserbewegung erzeugen, die man benötigte. Die ganze Konstruktion wurde unter einem Holzdeck versteckt und kostete einen Bruchteil von dem, was eine im Handel erhältliche Ausführung verschlungen hätte.

Die Bepflanzung ist charakteristisch für die Küstenlage, eine Auswahl salz- und windresistenter Arten. Die waagerechten Linien des Kriechwacholders stehen im Kontrast zu den gerundeten Formen von Zickzackstrauch (*Corokia*) und Baum-Aster (*Olearia*) und dem schmalen Laub des panaschierten Glanzgrases (*Phalaris arundinacea*) und violetter Keulenlilien (*Cordyline*).

# Ein dekorativer Küchengarten

**Oben:** Eine bunt gemischte Schar Kletterpflanzen rankt am Pavillon, darunter goldblättriger Hopfen (*Humulus lupulus* 'Aureus'), Weinrebe *Vitis* 'Brant' und die Kletterrose *Rosa* 'Goldfinch'.
**Gegenüber:** Die Gussform für dieses originelle Prunkstück wurde von einer echten Rosenkohlpflanze abgenommen.

In diesem Garten hat Designer Rupert Golby ausgelotet, wie sehr sich ein Gemüsegarten praktisch und schön zugleich gestalten lässt – ein Garten, in dem man sich zu Hause fühlt. Das Ergebnis ist ein ausgesprochen ertragreicher, zweckmäßiger Küchengarten, der zudem attraktiv aussieht. Eine Fülle unterschiedlicher Gemüse- und Beerensorten vereint sich mit einer Vielfalt an Küchenkräutern und Schnittblumen – der ultimative traditionelle Cottage-Garten.

Auf zwei Seiten bietet eine ehrwürdige rote Ziegelmauer den so wichtigen Schutz. In ihren Winkel duckt sich ein hübsch anzusehender offener Pavillon, in dem sich eine wohl verdiente Pause wunderbar genießen lässt. Sein Dach aus verwittertem Cotswold-Stein hat die treffend benannte Dach-Hauswurz (*Sempervivum tectorum*) mit ihren purpurnen Blattspitzen und Büscheln rot-purpurner Blütensterne eifrig besiedelt. Die zwei tragenden klassischen Säulen bieten Kletterpflanzen idealen Halt: goldblättriger Hopfen (*Humulus lupulus* 'Aureus') erklimmt die eine Säule, während Wein (*Vitis* 'Brant') die andere umrankt.

**Oben:** In alle Richtungen führen die Wege von dem Wasserbecken fort; sie gestatten den Zugang zu einem Überfluss an frischem selbstgezogenen Gemüse und Beeren.

Über die Terrasse aus Yorkstein-Platten unterschiedlicher Größe gelangt man auf zwei mit der Walze eingeebnete Schlackewege, die parallel zu den Einfriedungsmauern verlaufen. An diesen Mauern sind Äpfel und Birnen zum Spalier gezogen, durchflochten von süß duftenden Kletterrosen – den halb gefüllten Rosetten von *Rosa* 'Sander's White Rambler' und der gefüllten karminroten *Rosa* 'Madame Grégoire Staechelin' – und vom leuchtenden Malvenrosa der spät blühenden *Clematis* 'Comtesse de Bouchaud'. Ihnen zu Füßen breitet sich eine klassische Mischung von Gemüsepflanzen und Blütenstauden aus. Salat mit dem entzückenden Namen 'Sangria' und die düsterroten Blätter der Roten Bete 'Bull's Blood' verweben sich mit purpurblättrigem Salbei und *Iris* 'Rose Violet' zu einem lebhaften Gobelin, dessen Farbschema von purpurgefiedertem Fenchel und dem samtigen Kastanienrot von *Rosa* 'Tuscany Superb' weiter ausgeführt wird.

Den Mittelpunkt des Gartens, direkt vor der Terrasse, bildet ein großes kreisrundes, in rote Ziegel gefasstes Wasserbecken, dessen Rand aus halbrunden Spezialsteinen in Sitzhöhe angelegt ist. Eine Bronzeskulptur ragt in seinem Zentrum

auf, eine herrliche Hommage des Künstlers Simon Allison an den bescheidenen Rosenkohl. Um die Gussformen hierfür herstellen zu können, benötigte man eine echte Pflanze, deren „Röschen" noch fest geschlossen waren. Das erwies sich aufgrund des milden Winters und eines verzögerten Beginns als gar nicht einfach. Schließlich machte man bei einem der örtlichen Bauern in kalter Lage ein brauchbares Exemplar ausfindig. Jedes Röschen, jedes Blatt wurde sorgsam gelöst und von jedem ein Abdruck genommen. Daraufhin wurden sie in Bronze gegossen und zusammengesetzt; mit ihren hohlen Stängeln und gewölbten Blattschalen ergeben sie ein perfektes Kaskadentrio.

Bunt verlegte alte Ziegel und unglasierte Steinfliesen pflastern die Pfade, welche die drei Hauptbeete voneinander trennen. Über den längsten dieser Pfade wölbt sich ein Bogengang aus Haselruten, der an Ort und Stelle zusammengefügt wurde. Lange Ruten sind zu Bögen in den Boden gesteckt, während dünnere Gerten waagerecht mit ihnen verflochten sind, um einer ausgesuchten Stangenbohne, der 'Painted Lady', als Klettergerüst zu dienen. Zu ihren Füßen wechseln sich die

**Oben:** Kohl und Schnittlauch säumen den Aschepfad. Dahinter gesellen sich die bronzenen Blattfedern des Fenchels zu Katzenminze (*Nepeta sibirica*), Zierlauch und dem funkelnden Blau von Borretsch und Kornblume.

**Rechts:** Bienen sind eine große Hilfe bei der Befruchtung von Blumen und Gemüse; den reichen Nektar vergelten sie dem überzeugten Selbstversorger mit süßem Honig.
**Gegenüber:** Ringelblumen *Calendula* 'Orange King' stehen in leuchtendem Kontrast zu dem Zierkohl 'Christmas Mix'; sie sind außerdem eine wertvolle Bereicherung für die Küche: Ihre essbaren Blütenblätter lassen sich hübsch über einen Salat streuen.

rot-weiß gestreiften Blüten der Französischen Rose (*Rosa gallica*) 'Versicolor' mit den rosigen Rüschen der Pfingstrose *Paeonia* 'Sarah Bernhardt' ab; dieses Schema wiederholt sich entlang der ganzen Innenseite der Beete und bringt eine gewisse Stetigkeit in das Übermaß an Formen und Farben. Entlang der Wege unterstützt ein durchgehender blauer Saum aus Katzenminze *Nepeta* 'Six Hills Giant' diese Kontinuität.

Die Beete selbst sind ein wahres Füllhorn von Beeren, Gemüse und Küchenkräutern wie Zitronenmelisse, Salbei und Thymian, dazwischen eingestreut solch romantische Favoriten wie Lavendel, Königskerzen, Fingerhut, Rittersporn und Glockenblumen. Zwei der Beete zieren stattliche achteckige Obstkäfige nach dem Vorbild mittelalterlicher Zeltpavillons, mit schmiedeeisernen Kreuzblumen und dunklem Netz. Hierfür wurden engmaschige Fischernetze aus einem Antiquitätengeschäft zweckentfremdet; die synthetischen Netze von heute lassen sich längst nicht so gut drapieren. Unter dem einen Käfig reifen schwarze Johannisbeeren, Erdbeeren und eine alte Brombeersorte, *Rubus* 'Parsley Leaved'. Der andere schützt rote Johannisbeer-Hochstämme der Sorte 'Red Lake', weitere Erdbeeren und ein Himbeergesträuch der Sorte 'Glencova'.

Gewöhnliche ebenso wie ausgefallene Gemüse füllen die Beete. Bei den Salaten finden sich unter anderem 'Little Gem' und 'Lollo Rosso'; auf der Liste der Köstlichkeiten stehen außerdem die Kohlsorten 'Greyhound' und 'Red Drumhead', dazu die Karotte 'Early French Fame', der Rhabarbermangold 'Rhubarb Chard', leuchtende 'Golden Zucchini', Fenchel 'Sirio', Artischocken und Topinambur, violett überhauchter Lauch 'St. Viktor', Schalotten 'Atlantic', Zuckermais 'Earlibelle' und winzige rote Rübchen, Kohlrüben und Kürbisarten. Als Wächter über diese Früchte der Erde erheben sich hohe, von blauen und rosa Duftwicken überrankte Haseltipis.

# DER DACHGARTEN DES KÜCHENCHEFS

**Oben:** Frisches Gemüse, Kräuter und Blumen für den Gourmet – im Vordergrund eine Duftgeranie im Tontopf, deren Blätter, in Milch eingelegt, einer Vanillesauce beziehungsweise einem Pudding eine duftige Note verleihen. Daneben ein Behälter, in dem sich Nelken und Salbei ein Stelldichein geben.

An diesem Garten findet der wahre Gourmet Entzücken – und wer hätte ihn besser entwerfen können als Englands Design-Guru und Restaurant-Tycoon Sir Terence Conran? „Gemüse ist meine Leidenschaft. Ich habe zu Hause einen herrlichen Gemüsegarten, und ich liebe frisch gepflückte Tomaten, Spargel, der nach dem Schneiden direkt ins kochende Wasser wandert. Diese Frische – und der besondere Geschmack von Lieblingssorten – erfreuen den Gaumen so viel mehr als das nichtssagende Gewächshausgemüse aus dem Supermarkt."

Hier also wurde der bescheidene Gemüsegarten in höchste Höhe erhoben: Er bietet eine wunderbare Verquickung des Außergewöhnlichen mit dem Gewöhnlichen. Neben dem gängigen Salat, Sellerie, Roter Bete, Brechbohnen, ja sogar Kartoffeln, reifen hier Auberginen, mehrere Sorten Zucchini und Tomaten, roter Mangold, Fenchel, „Spargelerbsen", Zuckerknackerbsen, Erdbeeren und ausgesuchte Küchenkräuter. Und da der Garten ja für einen Gourmet konzipiert ist, sind selbst viele der Blüten essbar – von denen der Zucchini bis hin zu den Rosen.

Da es sich um einen Dachgarten handelt, wächst alles im Container. Dieses hat den großen Vorteil, dass man nicht wie sonst an eine einzige Bodenart gebunden ist. Die meisten der Behälter basieren auf handelsüblichen Größen, sie bestehen aus verzinktem Stahl und sind mit Holz ausgekleidet, das die Erde kühl hält. Abnehmbare Abdeckhauben und mit Solarstrom betriebene Bodenheizungen sorgen in jedem Behälter und zu jeder Zeit für das ideale Kleinklima; eine Regenwasser-Sammelanlage speist die Berieselungsanlage.

Die Südwand zum Nachbarhaus ist die perfekte Lage für Spalierobst, was den ganzen Sommer lang eine reichhaltige Obsternte direkt vom Stamm ermöglicht: Aprikosen und Pfirsiche, Kirschen, Äpfel, Birnen, Quitten und Mispeln. Ausgesuchte Weinreben runden das Angebot an Früchten ab; hier können sie zur perfekten Reife gelangen. Und sollte selbst gebrautes Bier nicht auf dem Selbstversorgungsplan des Küchenchefs stehen, so findet der Hopfen (*Humulus lupulus*) schon allein als Zierpflanze seine Daseinsberechtigung.

Leichte Musselin-Vorhänge an Stahlrohrgestellen bieten Schutz vor Sonne, Wind und neugierigen Blicken. Denn dieser Gartenraum ist vor allem für die Bewirtung von Gästen gedacht: Die Küche hinter den großen Verbundglasscheiben an der einen Gartenseite, in Edelstahl mit Eichenakzenten eingerichtet, ist auf dem höchsten Stand moderner Technik. Zu ihr führt eine Brücke über einen seichten „Burggraben", dem nächtliche Beleuchtung zusätzliche Dramatik verleiht.

Den Mittelpunkt des Gartens nimmt ein großzügig bemessener Esstisch ein, groß genug für eine Dinnerparty oder das Sonntagsessen mit der Familie. Unter ihm befindet sich eine weiche Sandkuhle. Sir Terence stellt sich vor, dass „entweder die Kinder darin spielen oder aber die Erwachsenen während des Essens ihre Schuhe und Strümpfe abstreifen und ihre Zehen darein vergraben ..."

**Oben:** Die kompakte Kohlsorte 'Minicole' und die Zuckerknackerbsen sind erntereif. Die Artischocken daneben sind auf Katzenminze gebettet.

**Die 46 Container sind wie folgt bepflanzt** (mit Bezugshinweisen):

1 *Zantedeschia aethiopica* (Aronkelch), Kresse
2 Iris
3 *Cynara cardunculus* (Spanische Artischocke)
4 Zichorie; *Zantedeschia aethiopica* (Aronkelch) 'Green Goddess'
5 Buschbohne 'Purple Teepee' (Gärtner Pötschke, Kiepenkerl)
6 Zwergbuschbohne; *Salvia officinalis* Purpurascens-Gruppe (Purpursalbei)
7 Polsterthymian; Spargel
8 Kohlrabi 'Purple Vienna'; *Geranium macrorrhizum* (Felsenstorchschnabel)
9 Salatsorten
10 Roter Mangold; Sauerampfer 'Buckler Leaf'
11 Spargelerbsen
12 Erdbeeren ('Eros', 'Symphony', 'Hapil', 'Elsanta')
13 Rote Bete ('Avon Early', 'Boltardy')
14 Violetter Grünkohl 'Redbor'
15 Kartoffeln 'Charlotte'
16 Auberginen
17 Schälerbse 'Cavalier'; *Myrrhis odorata* (Süßdolde)
18 *Foeniculum vulgare* 'Purpureum' (Bronzefenchel); *Papaver rhoeas* (Klatschmohn)
19 Salatsorten
20 Tomate 'Tumbler' (T&M)
21 Eichblattsalat 'Red Salad Bowl' (Kiepenkerl, Pötschke)
22 Spinat; Duftpelargonie 'Lady Plymouth'; schwarze Pfefferminze
23 Tomate 'Tigerella' (Pötschke; T&M)
24 Mangold 'Rainbow' (T&M, Kiepenkerl)
25 Radieschen 'French Breakfast' (Pötschke; T&M)
26 Gelbe Zucchini
27 Dicke Bohnen; *Bellis perennis* 'Miss Mason' (Tausendschön)
28 Haferwurz; *Viola odorata* (Duftveilchen)
29 Grünkohl 'Nero di Toscana'; Schnittlauch
30 Fenchel 'Zeno Fino'; panaschierte Apfelminze
31 Bleichsellerie 'Golden Blanching'; Majoran
32 Buschbohnen 'Robsplash Climbing'
33 Salate
34 Gelbe Kirschtomaten
35 Kohlrabi 'Green Vienna'; *Nepeta* x *faassenii* (Katzenminze)
36 Zuckerknackerbsen
37 Artischocke 'Green Globe' (T&M); Katzenminze
38 *Salvia officinalis* 'Icterina' (Salbei); Nelke *Dianthus* 'Pike's Pink'
39 Zucchini 'Italian Round'; *Achillea* 'Coronation Gold' (Edelgarbe); *Satureja montana* (Ausdauerndes Bohnenkraut; Kiepenkerl)
40 Angelika; Gold-Majoran
41 grüne Zucchini
42 Zitronenmelisse; Estragon
43 Buschbohne 'Rob Roy Climbing'
44 Salatsorten
45 Salbei; Sauerampfer 'Buckler Leaf'; *Rosa* 'Schneezwerg'; *Artemisia* (Eberraute) 'Silver Queen'
46 Weißkohl 'Minicole' (Pötschke)

Vor der Küche stehen zwei Lorbeerbäume (*Laurus nobilis*). Entlang einer Seite sind Obstbäume zum Spalier gezogen: Apfel, Birne, Aprikose, Maulbeere, Pfirsich, Quitte, Kirsche. Des weiteren finden sich mehrere Weinsorten und Hopfen (*Humulus lupulus*).

# FELS UND WASSER

**Oben:** Das Wasser hat seinen Ursprung in einem „Nadelwald"; der aufrechte Wuchs der Koniferen bildet ein sanftes Gegengewicht zu der starken Waagerechten der Staustufen. Der Wasserlauf ist nur minimal bepflanzt: Weiße Tränende Herzen (*Dicentra* 'Snowflakes') genießen die Schattenseite eines steil abfallenden Felsens; Trollblume *Trollius chinensis* 'Golden Queen' setzt im Vordergrund einen leuchtenden Akzent.

Zweifellos besteht die Kunst in der Anlage eines wirklich eindrucksvollen Gartens mit Felsen und Wasser darin, der Natur genau auf die Finger zu schauen und alle möglichen Gesteinsarten in unterschiedlichen Lagen einzubringen. Es ist wichtig zu erkennen, wie das Gestein richtig liegt, denn jedes Felsstück hat – unabhängig von seiner Größe – eine natürliche „Maserung", die durch seinen Entstehungsprozess geprägt ist: durch gewaltigen Druck über Jahrmillionen oder im Erstarren von aus dem Erdinneren hervorgebrochenen Magmas.

Wasser sucht sich immer den kürzesten Weg, und man benötigt Geschick und einen sicheren Blick, um diesen interessant zu gestalten. In einem Garten könnte das Wasser über mehrere kleine Wasserfälle herabrieseln oder aber auf seiner Reise über Staustufen in unterschiedliche Richtungen abgelenkt werden.

Hier sehen wir drei ausgezeichnete Beispiele des äußerst erfahrenen Designers und Handwerkers Doug Knight, der von vielen der ‚King of Rock' genannt wird (Elvis-Fans mögen mir verzeihen). Viele seiner Ideen entstehen, wenn er durch die Yorkshire Dales and Moors reist, durch den Lake District oder entlang der zerklüfteten Küste von Nordwales, wo sich die Felsnasen der Gebirge bis an die See erstrecken.

Für den ersten Garten verwendete Knight Schiefer aus einem Steinbruch in Nordwales. Der Stein war vor mehr als dreihundert Jahren gebrochen worden und hatte seitdem in einer verlassenen Ecke eine natürliche Moosschicht angesetzt. Man musste sehr behutsam vorgehen, um diese während des Transportes nicht zu beschädigen. Unter sorgfältiger Beachtung von Form und „natürlicher" Lage der Steine entstand eine schlichte Abfolge breiter Staustufen unterschiedlicher Höhe.

Auch im zweiten Garten wurde Schiefer aus dem selben großen Steinbruch verwendet, doch dieses Mal verleihen größere Mengen an Spat dem Stein ein

**Unten:** Kriechwacholder imitiert die Gestalt der Felsen, die wie hingestreut auf dem Hang liegen, während sich die hell gestreiften Blattschwerter der *Iris japonica* 'Variegata' und bunt geränderte Funkien mit Berghahnenfuß (*Ranunculus montanus*) 'Molten Gold' und goldener Steifer Segge (*Carex elata* 'Aurea') zu einem frischen gelb-grünen Thema vereinen.

auffallend marmoriertes Aussehen. Problematisch kann es werden, wenn man Pflanzen zu nah an solche hellen Stellen setzt, da diese die Sonne auf die Blattunterseiten reflektieren und sie verbrennen können. Die riesigen Felsplatten wurden so angeordnet, dass ihre Äderung immer im gleichen flachen Winkel abwärts verläuft; das Wasser zwängt sich in die Lücken und sammelt sich hier und da in tiefen Becken. Der Ursprung des Wasserfalls wirkt vollkommen natürlich: In der Ferne erhascht man einen Blick auf eine aus dem dunklen Schatten einer Rhododendron- und Koniferenpflanzung hervortretende lange Rinne.

Massive Coniston-Felsplatten aus dem Lake District wurden im dritten Beispiel verwendet. Sie sind großflächig und stark überlappend verlegt; das Wasser ergießt sich in mehreren Bachläufen über den Hang. Sowohl für den Boden der Wasserlöcher als auch zum Auffüllen der Felslücken wurde schiefriger Schotter verwendet, ein ideales Substrat für die mannigfaltigen Alpinpflanzen und Sukkulenten, die in einem rosa, gelb und grün gefleckten Strom den Hang hinab rieseln.

**Unten:** Dieser mächtige Felsengarten bietet einer Vielzahl alpiner Pflanzen eine dramatische Heimstatt.

Der letzte Garten schließlich ist ein Entwurf des Designers David Stevens, der ihn als „Felskomposition“ bezeichnet. Riesige Steinplatten erobern in gigantischen Treppenstufen den Hang und bilden eine schlichte Brücke, die zu der gepflasterten Terrasse vor dem kleinen Gartenhäuschen führt.

Solch einen Garten kann man nicht einfach nach Plan anlegen; es gilt, den Stein sorgsam auszuwählen und dann den Garten nach Augenmaß aufzubauen, wobei nach und nach auch der Wasserlauf Gestalt annimmt. Das „Augenmaß“ war dieses Mal der äußerst erfahrene und talentierte Blick Jack Sextons. Er begann mit einem knapp über drei Tonnen wiegenden „Grundstein“, den er in den Mittelpunkt des Geländes legte, um den Garten darum aufzubauen.

Hier finden wir keinen tosenden Wasserfall, sondern leise über kleine Stufen rinnende Bächlein, deren Plätschern ein beruhigendes Hintergrundgeräusch bleibt. Die Felsen wurden bewusst so ausgewählt und platziert, dass sie wie ausgewaschene Rinnen wirken; sie bestehen aus geschiefertem Quarzit, der im Sonnenlicht glitzert. Vor den Felsplatten hebt sich die raffiniert-schlichte Bepflanzung ab; violette und weiße Akzente beleben die zurückhaltende grüne Farbpalette. Die starke Vertikale der Iris kontrastiert mit den dichten Blattrosetten der ebenfalls feuchtigkeits-liebenden Blaublattfunkie (*Hosta sieboldiana*); deren Blattform wiederholt sich im wogenden Laub der Elfenblume (*Epimedium × rubrum*).

**Oben:** Für diesen Garten wurden große Steinplatten an den Hang gesetzt; die Lücken füllen feinsinnige Pflanzenkompositionen.

# Der Troggarten

**Oben:** Das Wasserrohr im Schatten des Japanischen Ahorns (*Acer japonicum*) 'Vitifolium' ist von Farnen umgeben; nur die zweifarbig violett-roten Schürhaken der Orchideenprimel (*Primula vialii*) und die zarten Blütenschalen der Jakobsleiter *Polemonium reptans* 'Blue Pearl' blitzen farbig auf. Buntblättrige Wasserschwertlilien (*Iris pseudacorus* 'Variegata') sprießen direkt im Wassertrog.
**Gegenüber:** Das maigrüne Laub des indischen Trompetenbaumes (*Catalpa bignonioides*) 'Aurea' zieht überall die Blicke auf sich. Seine helle Farbe findet sich bei der Wolfsmilch und dem Frauenmantel (*Alchemilla mollis*) wieder, welche den Pfad zum Sommerhaus säumen; über das Dach klimmt *Rosa* 'Rambling Rector'.

Für diesen Garten hat sich der Designer ganz in seine Kindheit zurück versetzt, in die Zeit auf dem väterlichen Hof hoch droben in den Hügeln von Derbyshire. Jeden Morgen hieß es, die Kühe zum Melken hereinzubringen. Vater und Sohn machten sich gemeinsam an den Aufstieg zu dem alten hölzernen Melkstall, und immer legten sie bei einem Wassertrog Rast ein, um von dem Quellwasser aus dem alten galvanisierten Rohr zu trinken. Dieses Bild prägte sich dem jungen Geist tief ein, um Jahre später wieder an die Oberfläche zu treiben. Kurz nach seinem Entschluss, einen Garten rund um diese Erinnerung zu entwerfen, hatte Roger Platts eine verwahrloste Gärtnerei übernommen. Als er dort in einem von Dornen und Nesseln überwucherten Winkel herumstöberte, entdeckte er zwei verwitterte eichene Torpfosten und einen alten genieteten Wassertrog, gerade richtig für seinen Troggarten.

Der Garten ist auf einem langen, schmalen Grundstück in zwei Hauptebenen angelegt, die von Rückhaltemauern aus wieder verwerteten roten Ziegeln gestützt werden. Sein „Eingang“ ist ein altes, verfallenes Hoftor bei einer tiefer gelegenen Wiese; das sachte vor sich hin rostende Parkgeländer, das den zugewucherten Pfad säumt, versinkt unter einem Durcheinander von Wildblumen und Gartenpflanzen und den Ranken der süß duftenden *Rosa* 'Albertine'.

**Rechts:** Die halb vergessene Erinnerung an einen alten Wassertrog und einen Viehunterstand sind der Stoff, aus dem dieser Gartentraum entstand.

**Oben:** Die untere Terrasse ist eine Symphonie von Violett und Pink, doch die Wirkung ist ganz und gar nicht aufdringlich, da sie durch viel Silbergrau, Weiß und Sahnegelb gemildert wird. Am Boden sind dies unter anderem die aufragenden Blütenähren und gestreiften Blattschwerter der Binsenlilie (*Sisyrinchium striatum*) 'Aunt May'; oben rechts im Bild überragt das anmutig geschichtete Laub des Wechselblättrigen Hartriegels (*Cornus alternifolia*) 'Argentea' die Szene.

Linker Hand liegt nun die untere Terrasse, und dort, genau im Blickfeld, ergießt sich der Quell aus dem Wasserrohr in den alten verzinkten Trog, umgeben von einer belebenden Komposition aus Gelb und frischem Grün: Japanischem Ahorn (*Acer japonicum*) 'Vitifolium', den gestreiften Schwertern der Wasserschwertlilie (*Iris pseudacorus*) 'Variegata', weiß gefleckter Taubnessel (*Lamium maculatum*) 'White Nancy' und den blassgelben Röhrenblüten der Kapfuchsie (*Phygelius aequalis*) 'Yellow Trumpet'. Aufgepeppt wird diese Farbstellung durch Funken sprühende Orchideenprimeln (*Primula vialii*), Jakobsleiter (*Polemonium reptans*) 'Blue Pearl' und Sibirische Iris (*Iris sibirica*).

Ganz an der Seite steht eine einfache Holzbank, von der aus sich der Blick über die Terrasse und den Kiesweg hinunter erstreckt; dort wetteifert die endlose Blütenpracht in allen Farbtönen von Pink über Violett bis Blau. Eine Sammlung duftender Lavendelarten schließt den tief purpurfarbenen Lavendel 'Hidcote' ebenso ein wie die Schopflavendelsorten *L. stoechas* 'Helmsdale' und 'Marshwood', eine dunklere Variante. Das violette Thema führen die Blütenstände des Quirlblättrigen Salbeis *Salvia verticillata* 'Purple Rain' und des violett-blauen *S.* × *sylvestris* 'Mainacht' weiter aus. Vor dem silbergrauen Blattwerk von *Ozothamnus rosmarinifolius* 'Silver Jubilee' heben sich die zarten kirschrosa Blüten des Storchschnabels *Geranium palmatum* wunderbar ab. Glanzlichter setzen die sahneweißen Blütenköpfe der Binsenlilie (*Sisyrinchium striatum*) 'Aunt May' und die weißen Blütenteller der Zistrose (*Cistus* × *obtusifolius*) mit ihren zitronengelben Augen.

Auf gemauerten Stufen passiert man einen auffälligen Wechselblättrigen Hartriegel (*Cornus alternifolia*) 'Argentea'; die pyramidenförmige Staffelung seiner Zweige wird durch die weiß geränderten ovalen, grünglänzenden Blätter ganz besonders hervorgehoben. Im Herbst verfärbt sich das Laub zu einem auffälligen Rot.

Die obere Terrasse liegt direkt vor dem Sommerhaus, einem umfunktionierten ausgedienten „Viehunterstand". Es ist aus gut abgelagerten Eichenbalken errichtet, die auf traditionelle Weise zugeschnitten, zusammengefügt und verdübelt wurden, ganz ohne Nägel oder Schrauben. Die blassrosa Duftrose 'New Dawn' rankt an den Eichenständern empor, dazu die sahneweiße *Rosa* 'Rambling Rector', die es bis zu dem Dach aus alten, wieder verwendeten Flachziegeln und darüber hinweg schafft.

Auf der einen Seite schließt sich eine robuste Pergola aus grünem Eichenholz an. Obwohl sich dieses frisch geschlagene, nicht abgelagerte Holz während des Trocknungsprozesses spaltet, ist es ein traditioneller Baustoff, da es wesentlich billiger als abgelagertes Holz war und ist. Betrachtet man die Vielzahl von Gebäuden und Gartenelementen aus diesem Material, die immer noch stehen, so scheint es tatsächlich die Zeiten zu überdauern.

Dieses Ständerwerk ist das perfekte Klettergerüst für ein üppiges Pflanzengewirr: Das rosa und weiß gefleckte grüne Laub der *Actinidia kolomikta* betont die cremigen duftenden Blüten der Kletterrose *Rosa filipes* 'Kiftsgate', das sanft errötende Weiß von *Rosa* 'Félicité Perpétué' und das Blassrosa von *Rosa* 'New Dawn'. Die riesigen frischgrünen, herzförmigen Blätter des indischen Trompetenbaumes (*Catalpa bignonioides*) 'Aurea' steuern ein theatralisches Element bei; schmückende Zugabe sind seine sommerlichen weißen Blütenpyramiden, die im Herbst von exotischen Bohnentroddeln abgelöst werden.

Eine überwältigende Pflanzenfülle prägt diesen Gartenteil, noch immer unter einem violett-pinken Motto. Die dramatisch aufragenden Säulen des Rittersporns, vor allem des tiefvioletten 'Black Knight', setzen sich gegen die fliederfarbenen Blütenbüschel des kletternden Nachtschattens (*Solanum crispum*) und die Blautöne der Katzenminzen *Nepeta* 'Six Hills Giant' und *Nepeta racemosa* 'Walker's Low' ab. Hier und da schweben die süß duftenden, altrosa Blütenkugeln der alten Bourbonenrose 'Reine Victoria', von den weißen Blüten der Spornblume *Centranthus ruber* 'Albus' getragen.

Dieser Garten ist eine sehr gelungene Demonstration der Kunst, mit der sich eine Vielzahl unterschiedlichster Pflanzen zu einem Bild von Harmonie und Schönheit verbinden lässt.

**Oben:** Ein altmodischer weißer Spülstein ist mit *Iris sibirica*, Zwerg-Rohrkolben (*Typha minima*) und Moorbinse (*Isolepis cernua*) bepflanzt; die gelappten Blätter des Fieberstrauches *Lindera obtusifolia* halten ihn umarmt.
**Gegenüber:** *Actinidia kolomikta* erklimmt mit ihrem rosa und weiß gefleckten Laub die Pergola aus grüner Eiche. Der majestätische Rittersporn stiehlt zwar die Schau, doch auch das Ensemble aus Storchschnabel, violett-blauen Salbeispieren (*Salvia* x *superba*) und dem frischgrünen Blattwerk von Frauenmantel (*Alchemilla mollis*) und Palisaden-Wolfsmilch (*Euphorbia characias* subsp. *wulfenii*) spielt seine Rolle gut.

*Actinidia kolomikta* (Aktinidia)
*Ajuga reptans* 'Burgundy Glow' (Kriechender Günsel)
*Alchemilla mollis* (Frauenmantel)
*Artemisia* 'Powis Castle' (Edelraute)
*Artemisia schmidtiana* (Edelraute)
*Astrantia major rubra* (Große Sterndolde)
*Astrantia maxima* (Sterndolde)
*Cistus* × *obtusifolius* (Zistrose)
*Crambe cordifolia* (Riesenschleierkraut)
*Digitalis purpurea* f. *albiflora* (Weißblühender Purpur-Fingerhut)
*Euphorbia amygdaloides* var. *robbiae* (Mandelblättrige Wolfsmilch)
*Euphorbia characias* subsp. *wulfenii* (Palisaden-Wolfsmilch)
*Geranium clarkei* 'Kashmir Purple' (Storchschnabel); *Geranium* × *oxonianum* 'Claridge Druce';
*Geranium palmatum;*
*Geranium pratense* 'Mrs. Kendall Clarke' (Wiesenstorchschnabel)
*Geranium sanguineum* (Blut-Storchschnabel)
*Hedera colchica* 'Sulphur Heart' (Efeu)
*Lamium maculatum* 'White Nancy' (Gefleckte Taubnessel)
*Lavandula angustifolia* 'Hidcote' (Echter Lavendel)
*Lavandula stoechas* 'Helmsdale' (Schopflavendel); *Lavandula stoechas* 'Marshwood'
*Leptospermum scoparium* 'Snow Flurry' (Besenartiger Teestrauch)
*Lithodora diffusa* 'Heavenly Blue' (Steinsame)
*Nepeta* 'Six Hills Giant' (Katzenminze); *Nepeta racemosa* 'Walker's Low'
*Pittosporum* 'Garnettii' (Klebsame)
*Polemonium reptans* 'Blue Pearl' (Jakobsleiter)
*Primula vialii* (Orchideenprimel)
*Rosa* 'Félicité Perpétué' (Kletterrose)
*Rosa filipes* 'Kiftsgate' (Rankrose)
*Rosa* 'New Dawn' (Kletterrose);
*Rosa* 'Rambling Rector'
*Rosa* 'Reine Victoria'
*Salvia* × *superba* (Salbei)
*Salvia* × *sylvestris* 'Mainacht'
*Salvia verticillata* 'Purple Rain' (Quirlblättriger Salbei)
*Scabiosa* 'Pink Mist' (Skabiose)
*Sisyrinchium striatum* 'Aunt May' (Binsenlilie)
*Solanum crispum* 'Glasnevin' (Kletternder Nachtschatten)
*Thymus pseudolanuginosus* (Thymian)
*Thymus* 'Pink Chintz'
*Thymus vulgaris* 'Silver Posie' (Echter Thymian)
*Viburnum plicatum* 'Mariesii' (Japanischer Schneeball)
*Viburnum opulus* 'Roseum' (Gemeiner Schneeball)

# DER PORTMEIRION-GARTEN

**Oben:** Der Quell entspringt in einer schattigen Nische und durchrinnt dichtes Kreuzkraut (*Ligularia dentata*), bevor er sich auf den Weg über den Wiesenhang macht.
**Gegenüber:** Wasser liebende Pflanzen wie die Tibetprimel und Hirschzungenfarn gedeihen prächtig in den Sonnenflecken neben dem Bachlauf.

Ein Stückchen Italien, und das an der nordwalisischen Küste – dieser von Bunny Guinness entworfene Garten ist von dem italienischen Stil des schönen, einmaligen Dorfes und der Gärten von Portmeirion inspiriert, die einer der extravagantesten englischen Architekten des zwanzigsten Jahrhunderts entworfen hat, der verstorbene Sir Clough Williams-Ellis. Das Dorf ist noch immer eine der größten Touristenattraktionen in Wales.

Den Ort des Geschehens verrät uns der imposante zwölf Meter hohe Observatoriumsturm, der anhand von Sir Cloughs Originalzeichnungen detailgetreu nachgebaut wurde; diesen markanten Hintergrund ergänzt eine Fassade in sonnengebleichten Farbtönen, wie sie für italienische Dörfer am Meer so typisch sind.

Vor dem Gebäude erstreckt sich die obere Terrasse. Große glasierte und unglasierte, von exotischen Blütenpflanzen überquellende Terrakotta-Töpfe schmücken sie; hier findet sich zum Beispiel die Kaiserkrone (*Fritillaria imperialis*), deren hohen Schaft ein Kranz orangeroter Blütenglocken krönt. Aus zwei Gefäßen ragt Natterkopf (*Echium pininana*) auf; er verspricht, im nächsten Jahr aus seinen langen, überhängenden Blättern eine beeindruckende Blütenähre hervorzubringen.

Genau im Zentrum des Bauwerks ist eine Nische als Blickfang eingelassen; aus einer Maske an ihrer wasserblauen Wand sprudelt ein vierfacher Wasserstrahl und speist den beherrschenden Bachlauf aus walisischem Schiefer. Munter plätschert das Wasser über einen sonnigen Wiesenhang voller Butterblumen und Margeriten (*Leucanthemum vulgare*). Am Bachufer finden sich ausgesuchte feuchtigkeitsliebende Geschöpfe: die zarte blassgelbe Tibetprimel und die glänzenden Blätter des Hirschzungenfarns (*Asplenium scolopendrium*), zu dem sich der ebenso glänzende Rauhaarige Steinbrech (*Saxifraga hirsuta*) gesellt, der extra aus Portmeirion hergebracht wurde. Schließlich rinnt der Wasserlauf an dicken Aronkelch-Stauden (*Zantedeschia aethiopica*) 'Crowborough' vorüber; hinter ihnen ein bunter Flecken, David Austins Jahrtausendrose 'Portmeirion', die mit duftendem Pink die überhängenden Triebe der weißen Rankrose 'Seagull' zurückhält, und darunter die spitzen Blätter einer Präriekerze (*Camassia cusickii*) mit ihren feinen blassblauen Blütensternen.

Am unteren Ende des Hanges verschwindet der Wasserlauf unter der Teichumrandung außer Sicht. Diese ist eine kühne Komposition aus gesägtem Stein und Schiefer mit Einpassungen aus Kieselsteinpflaster. Rings um den Teich sind mehrere große Terrakotta-Urnen in Szene gesetzt, die bis an den Rand mit der blau blühenden afrikanischen Schmucklilie (*Agapanthus africanus*) bepflanzt sind.

Die mit Reliefs verzierten Pflanzgefäße wurden eigens bei der namhaften Whichford Pottery am Rande der Cotswolds in Auftrag gegeben.

Zu beiden Seiten des Wasserbeckens stehen schmiedeeiserne Torbögen in der für Portmeirion typischen Kombination von Patina und Gold; vergoldete Phönixstatuetten krönen den Durchgang. Einer der Bögen rahmt einen Cherub in Bleiguss, eine Leihgabe des Gutes Portmeirion; durch den anderen gelangt man auf eine gewundene Stiege, die über Steinstufen durch Mischwald bis zu der oberen Terrasse führt. Hier findet sich eine Auswahl widerstandsfähiger Pflanzen aus gemäßigten und exotischen Breitengraden, wie sie für Portmeirion charakteristisch ist; die Mischung ruft ins Bewusstsein, dass der Golfstrom nicht fern ist.

**Unten:** *Rosa* 'Seagull' klettert über die Eibenhecke, während ein Cherub unter den gewaltigen immergrünen Blättern des *Rhododendron sinogrande* hervorlugt.

**Links und unten:** Erfolg hängt bei der Chelsea Flower Show immer sehr am Detail. Der Turm basiert auf den Originalzeichnungen von Clough Williams-Ellis, der mit der Erbauung des Dorfes Portmeirion im Jahre 1925 begann.

Das Hauptgerüst des Witterungsschutzes bilden Bäume, die für temperierte Breitengrade typisch sind: Stieleichen (*Quercus robur*), Silberbirken (*Betula pendula*) und Vogelkirschen (*Prunus avium*). Dazwischen sind exotischere Gewächse angesiedelt: Australischer Baumfarn (*Dicksonia antarctica*) kontrastiert mit den kühnen, tektonischen Blattschwertern der silbergrauen *Astelia nervosa*, schwarzpurpurnem Neuseeland-Hanf (*Phormium tenax* Purpureum-Gruppe) und dem Gelbgrün des *Phormium tenax* 'Variegatum'. Schwarzer Bambus (*Phyllostachys nigra*) wiegt sich neben massigem *Rhododendron sinogrande*, dessen riesige, glänzend immergrüne Blätter sich im Frühjahr mit großen, sahneweißen Blütendolden schmücken.

Seit seinen Anfängen im Jahr 1925 hat sich Portmeirion zu einem der schönsten und ungewöhnlichsten Gärten Englands entwickelt, der unter Gartenliebhabern in der ganzen Welt bekannt ist. Auch hier – nach lediglich zwei Wochen Aufbauarbeit – können wir uns seinem Zauber hingeben.

# Ein japanischer Künstlergarten

**Oben:** Diese japanische Gartenskulptur schmückt seit dem Beginn des 20. Jahrhunderts einen englischen Privatgarten. In ihrem Rücken steht eine Japanische Mispel (*Eriobotrya japonica*) neben einem Fächerahorn (*Acer palmatum*) 'Chitoseyama', zu ihren Füßen drängen sich Schwarzer Bambus (*Phyllostachys nigra* var. *henonis*), eine immergrüne Azalee (*Rhododendron*) 'Hinode-giri' und der goldgrüne Schopf von *Hakonechloa macra* 'Aureola'.

Der authentische japanische Garten ist eine mannigfaltig geschichtete Kunstform; es kann Jahre dauern, sie zu meistern. Daher beschloss John Van Hage, den japanischen Stil frei zu interpretieren, um so einen Ort der Ruhe zu schaffen, an dem ein Künstler Frieden und Inspiration finden kann.

Oft heißt es, der japanische Garten stelle die Natur im Miniaturformat dar: Die Anordnung von Felsen und Steinen repräsentiert Berge, Seen und Flüsse; ausgewachsene Bäume – sorgsam beschnitten, um Größe und Wuchsform in perfekter Proportion zu halten – symbolisieren den Wald. Nichts wird dem Zufall überlassen: Jedes Detail ist gründlich erwogen, und doch muss das Endergebnis vollkommen natürlich wirken. Neben dem künstlerischen Gesamteindruck sollen einzelne Gartenelemente Meditation und geistige Versenkung fördern.

Viele Elemente sind bewusst so angelegt, dass sie den Weg durch den Garten verlangsamen. Hier lenken zum Beispiel die Iris den Blick auf den Vordergrund, doch wird er immer wieder auf die imposante Waagerechte des Künstlerstudios zurückgezogen. Irisschwerter und Gräser wie der Blauschwingel (*Festuca glauca*) betonen die Trittsteine aus walisischem Schiefer. Solche Steine sind selten in ge-

rader Linie verlegt; auch hier ist es die Absicht des Gartendesigners, die Aufmerksamkeit des Besuchers auf dem Detail verweilen zu lassen.

Ein weiteres Charakteristikum des japanischen Gartens ist die feste Einbindung eines jeglichen Gebäudes, ob Tempel, Teehaus oder Zierpavillon, in den Garten. Eine Methode besteht darin, mit den Schiebetüren einen ganz bestimmten Ausblick zu rahmen. Die japanischen Tuschebilder rechts und links der Tür, ein Auftragswerk von Ohgen Hamanaka, verstärken die authentische Wirkung, doch Van Hage hat nicht gezögert, das Thema auch freier auszulegen: Die Mondskulpturen gab er bei der englischen Künstlerin Kate English in Auftrag.

Das Künstlerstudio, nach Van Hages Entwurf angefertigt, bot bei seiner Lieferung nicht nur einen spektakulären Anblick, sondern auch Anlass zur Sorge, denn es war eine Frage von Millimetern, ob es durch das Eingangsportal zum Royal Hospital Park passte. Den Preisrichtern jedoch präsentierte es sich im Mittelpunkt einer dichten, natürlich wirkenden Anlage mit mehreren japanischen Ahornbäumen, Rhododendren und Schwarzem Bambus, ein rechtes Bild von Würde und Dauerhaftigkeit.

**Oben:** Die unglaubliche achtzigjährige Mädchenkiefer (*Pinus parviflora*) beeindruckt den Betrachter wie ein um das Vielfache größerer Baum; eine äußerst präzise Schnitt-Technik hat sie so klein gehalten. Die Iris im Vordergrund ist ein Motiv, das man sehr häufig in japanischen Gärten antrifft.

# Ein Garten der Provence

**Oben:** Den knorrigen Granatapfelbaum im Zentrum des Beetes umgeben leuchtende *Iris* 'Blue Shimmer' und 'Deep Black', Pfingstrosen *Paeonia* 'Arabian Prince' und 'Bunker Hill' sowie Zierlauch.

Es gibt Menschen, die sind der Meinung, ein „Themengarten" habe mehr mit Theaterspielen als mit Gärtnern zu tun. Dabei übersehen sie ganz, dass ein Garten sehr wohl Sinn für Theater haben kann und sollte; nur so kann er den Geist beflügeln und Emotionen in Wallung bringen. Ein Garten braucht sich nicht auf Wege, Beete und Rasen zu beschränken. Mit ein wenig Fantasie wird er zu einem magischen Ort, an dem Schwärmereien realisiert und Träume wahr werden. Doch Designerin Fiona Lawrenson gibt zu bedenken: „Es muss glaubhaft sein, und man muss mit Überzeugung an die Sache herangehen ..." Und hier, auf einem Grundstück von der Größe eines durchschnittlichen Vorortgartens, demonstriert sie, wie sich ein vollständiges „Bühnenbild" für einen Menschen erschaffen lässt, der die Provence anbetet und ein kleines Stück davon sein Eigen nennen möchte.

Lawrensons Blick für das Detail bewirkt, dass der Gesamteindruck dieses Gartens hundertprozentig erfolgreich ist. Ihre Bestätigung erhielt sie, als die Queen und Prinz Philip den Garten besuchten und sich äußerst überrascht zeigten, dass das Gebäude nicht echt, sondern, wie Lawrenson erklärt, ganz aus Sand, Zement, Hartfaserplatten und Hühnerdraht errichtet war!

Doch hierzu waren gründliche Recherchen notwendig. Fiona und ihr Team fuhren eigens nach Südfrankreich, um den Baustil und die Charakteristika der in dieser Gegend traditionellen Gebäude zu studieren. Sie sprachen mit örtlichen Bauunternehmern und Handwerkern, was in den Mauerausführungen und solchen Details wie dem Dachüberstand mit seiner Reihe versetzter Firstziegel sichtbar wird. Außerdem konnten sie die Bestandteile der Wandfarben ermitteln, die für diesen Teil des Mittelmeerraums typisch sind. Man erstand die Pigmente, und der Künstler John Simpson, der für sämtliche Spezialeffekte verantwortlich zeichnet, experimentierte damit, bis er und Lawrenson mit dem Ergebnis vollkommen zufrieden waren.

Der Ausgangspunkt des Entwurfs ist ein gepflasterter Innenhof, der einst im Mittelpunkt eines geschäftigen Farmbetriebes stand. Nun sind die Tiere fort, und Ruhe und Besinnlichkeit sind in Gestalt eines Gartens eingezogen. Die alten Farmgebäude auf der einen Seite schließen direkt an eine hohe Schutzmauer an. Eine Maueröffnung gibt den Blick auf Lavendelfelder frei, die sich bis zum Horizont erstrecken – eine wundervolle Illusion in der alten Kunst des Trompe-l'œil.

Unter den Stufen zum ehemaligen Heuboden steht ein alter, aus Frankreich stammender Steinbrunnen. Das Wasser quillt über seinen Rand und rinnt als

**Unten:** Vom Tisch im Schatten des Zitronenbaumes öffnet sich scheinbar der Ausblick über die Lavendelfelder der Provence. Das aus dem Brunnen überfließende Wasser steigert die Illusion eines alten Gartens.

Bächlein über das Kopfsteinpflaster bis ins Blumenbeet. Hierzu mussten die betreffenden Steine eine Spur niedriger als die übrigen verlegt werden, sodass das feuchte Element den vorgesehenen Weg nahm und sich nicht im ganzen Hof verteilte. Es sammelt sich in einem kleinen, gut verborgenen Auffangbecken im Beet und wird von einer Pumpe zum Brunnen zurückbefördert.

Ein weiteres typisches Gestaltungselement sind der zauberhafte Tisch mit seiner Steinplatte und die Eisenstühle mit herzförmiger Sitzfläche. Auch diese wurden in der Provence entworfen und angefertigt.

Doch vor allem sind es die Pflanzen, welche die Bühne zum Leben erwecken. Den Flair des Mediterranen vermitteln Granatapfel- und Zitronenbäume, dazu knorrige Olivenbäume, welche – entgegen der landläufigen Meinung – erstaunlich winterfest sind. Überall findet sich ein subtiles Wechselspiel von Silbergrau und Grün in vielfältiger Form, Größe und Struktur. Die Blütenfarben steigern sich von den zurückhaltenden Tönen des Rosmarins und Lavendels über die kräftigeren violetten Noten von Zierlauch und Iris bis hin zu einem donnernden Crescendo im Gegenüber von *Allium aflatunense* 'Purple Sensation' und schwarzvioletter *Iris* 'Deep Black'. Zusätzliche Highlights setzen Pfingstrosen wie *Paeonia* 'Bunker Hill' und *P.* 'Arabian Prince', mit ihrer Fülle an duftenden, halb gefüllten, blutroten Blüten. Leuchtend orange Farbtupfer der Nelkenwurz *Geum* 'Borisii' und das hellkupfrige Orange der Königskerze *Verbascum* 'Helen Johnson' lockern das Bild auf.

Hier, umgeben von den Duftwolken von Rosmarin, Lavendel und Storchschnabel, lässt es sich in Erinnerungen schwelgen an jenes hoch gelegene Refugium, hoch über der Côte d'Azur.

**Oben:** Halb verdeckt hinter dem Olivenbaum erhebt sich das provenzalische Hofgebäude; die Außentreppe schmücken Töpfe voller Geranien, Kapuzinerkresse, Tagetes und Schnittlauch.
**Links und gegenüber:** Den alten Steinbehälter umringen kugelige Buchs-Hochstämmchen; Heiligenkraut, Italienisches Sonnengold (*Helichrysum italicum*), Bronzefenchel, Eselsdistel (*Onopordum acanthium*) und die hohen Blütenstände von Ehrenpreis *Veronica gentianoides* 'Tissington White' und Königskerze *Verbascum* 'Helen Johnson' gesellen sich dazu.

# Grau zu Grün

**Oben und gegenüber:** Die Auszeichnung als „Best in Show“ wurde diesem Garten verliehen, der gewiss einer der originellsten ist, die Chelsea je sah, und doch ganz in der Tradition steht. Sorgfältige Pflanzenstudien ließen mit den selben Arten, die man auch in der Natur an solch einem Ort fände, ein ungewöhnliches Ambiente entstehen.

Die Schieferarbeiter sind fort, die Loren stehen still, die Wasserpumpen und die knirschenden Zahnräder haben sich festgefressen. Das Pumpenhaus zerfällt und der stählerne Förderturm beginnt zu rosten. Die Natur hält wieder Einzug auf dem brachliegenden Industriegelände und verlangt ihr Eigentum zurück. Seine Faszination angesichts dieses Vorgangs brachte den Designer Paul Cooper zum Nachdenken, wie er diese wunderbare Transformation in einen Naturgarten einbinden könne. Er war gerade nach Wales gezogen und hatte dort einen magischen Ort entdeckt, an dem ein Wasserfall über bloß liegendes Schiefergestein mit einer erstaunlichen Pflanzengemeinschaft hinabstürzt. Dieser Wasserfall hatte bereits die Viktorianer fasziniert, die ihn auf den ungewöhnlichen Namen „Wasser bricht den Hals“ tauften. Die Idee, die natürliche Schönheit des Wasserfalls mit einem verlassenen Schiefersteinbruch zu kombinieren, inspirierte diesen Garten. Vor Coopers geistigem Auge erstand ein kühnes Bild in kapriziöser exzentrischer Manier.

Die Studenten des Pershore College of Horticulture sollten den Garten anlegen; anfangs waren sie von der Aussicht auf einen Haufen alten Schiefers und rostenden Eisens gar nicht begeistert. Erst als sie ein Modell des Gartens sahen und begannen, alte Stahlträger, Artefakte aus Steinbrüchen und riesige Schieferplatten zusammenzutragen, bekamen sie eine Vorstellung von der Größenordnung des Projektes. Nun verspürten auch sie die Begeisterung und zeigten Engagement.

Die Studenten mussten ebenfalls die verschiedenen Pflanzen auskundschaften und beschaffen. Dies betraf sowohl die für eine solche Umgebung typischen Wildpflanzen – Farne, Efeu, feuchtigkeitsliebende Pflanzen, Heidekrautgewächse – als auch solche Arten, die aus Gärten verwildert sind, wie Rhododendren und Lupinen. Die Studenten besuchten alte Steinbrüche, um zu erkunden, welche Pflanze wo wächst: in und um Wasserfälle, in den Ritzen senkrechter Felswände, auf dem schiefrigen Abraum. Jeder Standort wurde untersucht und beschrieben.

Der fertige Garten war überwältigend in seinen Dimensionen, und die sorgfältige Rekonstruktion des zerfallenen Pumpenhauses, mit dem herabrieselnden Wasser und der überaus einfühlsamen Bepflanzung, die jede Ritze und jeden Hohlraum erobert, lässt den Betrachter glauben, es habe seit Jahrzehnten verlassen gestanden. So überzeugend war die Illusion, dass ein Besucher sich erkundigte, ob man den Garten seit dem Vorjahr habe stehen lassen!

# Der römische Garten

**Oben:** Vielerlei Schwertlilien stehen stellvertretend für das farbige, kultivierte Leben Vergils in Rom. Silbergrau beblätterte Pflanzen – wie Strauchiges Brandkraut (*Phlomis fruticosa*), Königskerze *Verbascum* 'Arctic Summer', Gottvergess (*Ballota pseudodictamnus*) und die nicht zu übersehende Spanische Artischocke (*Cynara cardunculus*) im Vordergrund beschwören eine Vision trockener Mittelmeergärten.

Seit Jahren schon versuchen einige Designer, dem Modernismus die Tür zu Chelsea einen Spaltbreit zu öffnen. Auch gewisse Kritiker bemerken gern, die Entwürfe orientierten sich zu sehr an der Vergangenheit, spiegelten die Gegenwart zu wenig oder gar nicht wider, wenn dieses auch angesichts unseres überreichen Gartenerbes und des offenkundigen Verlangens nach Tradition verständlich ist.

Nun, hier wurde diese Tür weit aufgestoßen: Der Designer Christopher Bradley-Hole hat diesen einzigartigen, kompromisslos modernen Garten geschaffen, der in seiner Anlage wie in seinen Materialien ganz ein Kind unserer Zeit ist. Umso interessanter ist daher die Tatsache, dass die Inspiration für den Entwurf das Leben und die Zeit des berühmten römischen Dichters Publius Vergilius Maro (70–19 v. Chr.) sind, bekannt als Vergil, Verfasser der Aeneis. Die drei

klaren Phasen seines eher kurzen, doch ereignisreichen Lebens bilden das dem Garten zu Grunde liegende Motiv, ein eloquentes Beispiel dafür, wie ein klassisches Thema in einer äußerst modernen Auslegung resultieren kann.

Angesichts des leeren, langen Rechtecks der Parzelle entstand die Grundidee eines „Kastens", von dem zwei Seiten und der größte Teil des Deckels entfernt wurden; stabile, massive Mauern bilden die verbliebene Seite und Rückwand. Die Fläche innerhalb des „Kastens" teilt sich in drei harmonische Bereiche, Allegorien auf die drei Lebensphasen Vergils.

Der erste Bereich im Vordergrund repräsentiert seine bescheidenen Anfänge auf dem Lande. Hier findet sich Kalksteingeröll, in dem vereinzelt mediterrane Kräuter gedeihen, typisch für das freie Gelände um alte norditalienische Hofgebäude. Würziger Majoran, Rosmarin und Thymian wachsen hier ebenso wie Bronzefenchel und Salbeiarten. Vier hohe, in Form geschnittene Lorbeerbäume und ein ausgewachsener Granatapfelbaum, eigens aus der Toskana herbei gebracht, vermitteln ein Gefühl der Zeitlosigkeit und Beständigkeit.

Auf einem Weg aus Zedernplanken, der pfeilgerade wie eine Römerstraße durch den Garten führt, gelangen wir durch einen imposanten kastigen, naturweiß verputzten Durchgang zur zweiten Lebensphase Vergils, die der Erfolg seiner *Eclogae* begründete: die Jahre des wohlhabenden Intellektuellen in der Stadt Rom. Die kühle Eleganz des Pavillons aus Glas und Stahl steht im Gegensatz zu der farbenfrohen Bepflanzung dieses Bereiches. Eine formale Hainbuchen-Reihe, Sinnbild für die baumgesäumten Straßen Roms, geleitet den Besucher zu einer gläsernen Brücke, die eine Wasserfläche überspannt, Symbol für den Tiber. Zur Linken verkörpert eine Treppenkaskade aus bläulichem Hornton- und weißem Portland-Stein den gebirgigen Ursprung des Flusses. Der Wasserlauf erstreckt sich über die ganze Breite des Gartens; ruhiger werdend, wirft die Oberfläche Lichtreflexe in das Innere des Pavillons. Hier stehen elegante Aluminium-Möbel auf poliertem Portland-Stein; ein großer Zitronenbaum in einem eigens angefertigten Container aus birkenfurniertem Spezial-Sperrholz lässt frischen Zitrusduft ahnen.

Die Beete in diesem Garten sind ganz im jungen europäischen Stil der „Neuen Rabatte" angelegt: Vorwiegend krautige Pflanzen werden naturalistisch-ökolo-

**Bereich A**
*Allium azureum* (Fliederlauch)
*Angelica archangelica* (Echte Engelwurz)
*Artemisia pontica* (Römischer Wermut)
*Calendula officinalis* (Gartenringelblume)
*Cichorium intybus* f. *album* (Weiße Wegwarte)
*Convolvulus cneorum* (Silberwinde)
*Foeniculum vulgare* (Fenchel)
*Foeniculum vulgare* 'Purpureum' (Bronzefenchel)
*Laurus nobilis* (Lorbeer-Hochstamm)
*Melianthus major* (Honigstrauch)
*Origanum vulgare* (Wilder Majoran)
*Rosmarinus officinalis* (Rosmarin)
*Salvia lavandulifolia* (Lavendelblättriger Salbei)
*Salvia officinalis* (Echter Salbei)
*Salvia officinalis* Purpurascens-Gruppe (Purpursalbei)
*Thymus serpyllum* var. *albus* (Sandthymian); *Thymus serpyllum* var. *coccineus*

**Bereich B**
*Acaena microphylla* 'Kupferteppich' (Stachelnüsschen)
*Achillea* 'Moonshine' (Edelgarbe)
*Allium aflatunense* (Zierlauch)
*Allium aflatunense* 'Purple Sensation';
*Allium christophii* (Sternkugellauch);
*Allium* 'Gladiator'; *Allium* 'Lucy Ball'
*Allium* 'Rien Poortvliet'
*Allium schoenoprasum* (Schnittlauch, weiß blühend)
*Amsonia ciliata* (Amsonia); *Amsonia tabernaemontana* var. *salicifolia*
*Ballota pseudodictamnus* (Gottvergess)
*Camassia leichtlinii* 'Semiplena' (Präriekerze)
*Carpinus betulus* 'Fastigiata' (Säulen-Hainbuche, Hochstamm)
*Catananche caerulea* (Blaue Rasselblume)
*Cephalaria gigantea* (Kopfblume)
*Cynara cardunculus* (Spanische Artischocke)
*Euphorbia dulcis* 'Chameleon' (Süße Wolfsmilch)
*Euphorbia cyparissias* 'Fens Ruby' (Zypressen-Wolfsmilch)
*Euphorbia seguieriana* subsp. *niciciana* (Steppen-Wolfsmilch)
*Euphorbia* × *martinii* (Wolfsmilch)
*Ferula communis* subsp. *glauca* (Gemeines Rutenkraut)
*Geranium phaeum* 'Lily Lovell' (Brauner Storchschnabel)
*Geranium pratense* (Wiesenstorchschnabel)
*Geranium sanguineum* var. *striatum* (gestreifter Blut-Storchschnabel);
*Geranium* 'Spinners'
*Iris* 'Action Front'; *Iris* 'Black Swan'; *Iris* 'Jane Phillips'; *Iris* 'Kent Pride"; *Iris pallida* subsp. *pallida* (Bleiche Schwertlilie); *Iris* 'Rajah'; *Iris* 'White Owl'
*Knautia macedonica* (Rote Wildskabiose)
*Lotus corniculatus* subsp. *hirsutus* (Behaarter Hornklee)
*Lupinus chamissonis* (Lupine)
*Nectaroscordum siculum* (Nectaroscordum)
*Onoclea sensibilis* (Perlfarn)
*Phlomis fruticosa* (Strauchiges Brandkraut)
*Phlomis russeliana* (Samos-Brandkraut)
*Rosa* 'William Lobb'
*Salvia argentea* (Silberblattsalbei)
*Sesleria nitida* (Nestkopfgras)
*Stachys macrantha* 'Superba' (Ziest)
*Verbascum* 'Arctic Summer' (Königskerze)

**Bereich C**
*Acaena microphylla* 'Kupferteppich' (Stachelnüsschen)
*Aquilegia alpina* (Alpenakelei)
*Aquilegia* 'Port Wine' (Akelei)
*Aquilegia vulgaris* 'Ruby Port' (Gemeine Akelei); *Aquilegia vulgaris* 'William Guinness'
*Astrantia major* 'Claret' (Große Sterndolde)
*Carpinus betulus* 'Fastigiata' (Säulen-Hainbuche)
*Corylus avellana* (Haselnuss)
*Dianthus barbatus* 'Nigrescens' (Bartnelke)
*Geranium* × *cantabrigiense* 'Cambridge' (Storchschnabel)
*Geranium nodosum* (Knotiger Storchschnabel)
*Geranium renardii* (Krebsblatt-Storchschnabel)
*Iris* 'Indian Chief'; *Iris* 'Right Royal'; *Iris* 'Solid Mahogany'; *Iris* 'Superstition'; *Iris* 'Tall Chief'
*Knautia macedonica* (Rote Wildskabiose)
*Leucanthemum vulgare* (Margerite)
*Lonicera* × *italica* (Geißblatt)
*Lotus corniculatus* (Gemeiner Hornklee)
*Rubus* 'Emerald Spreader' (Himbeere)
*Sambucus nigra* 'Thundercloud' (Schwarzer Holunder)
*Thalictrum minus adiantifolium* (Kleine Wiesenraute)
*Thalictrum aquilegiifolium* var. *album* (Akeleiblättrige Wiesenraute)
*Thalictrum flavum* subsp. *glaucum* (Gelbe Wiesenraute); *Thalictrum rochebruneanum*
*Trifolium rubens* (Purpurklee)

**Bereich D**
*Anthriscus sylvestris* 'Ravenswing' (Wiesenkerbel)
*Astrantia major rubra* (Große Sterndolde); *Astrantia major* 'Shaggy'
*Campanula rotundifolia* (Rundblättrige Glockenblume)
*Cardamine pratensis* (Wiesenschaumkraut)
*Chaerophyllum hirsutum* 'Roseum' (Bergkerbel)
*Chelidonium majus* (Schöllkraut)
*Cirsium rivulare* 'Atropurpureum' (Bach-Kratzdistel)
*Corylus avellana* (Gemeine Hasel)
*Cupressus sempervirens* 'Stricta' (Echte Zypresse)
*Dryopteris filix-mas* (Wurmfarn)
*Filipendula vulgaris* 'Grandiflora' (Knolliges Mädesüß)
*Geranium macrorrhizum* 'Album' (Dickwurzeliger Storchschnabel)
*Geranium phaeum* 'Album' (Brauner Storchschnabel)
*Lychnis flos-cuculi* (Kuckucksnelke)
*Pilosella aurantiaca* (Orangerotes Habichtskraut)
*Plantago major* 'Rubrifolia' (Purpurwegerich)
*Polemonium caeruleum* (Jakobsleiter);
*Polemonium* 'Sapphire'
*Polypodium vulgare* (Gewöhnlicher Tüpfelfarn)
*Rosa* 'Sander's White Rambler'
*Sanguisorba minor* (Kleiner Wiesenkopf, Pimpinelle)
*Syringa meyeri* var. *spontanea* 'Palibin' (Flieder)
*Thalictrum rochebruneanum* (Wiesenraute)
*Viburnum opulus* 'Compactum' (Gemeiner Schneeball)

**Bereich E**
*Acanthus spinosus* (Dorniger Bärenklau)
*Artemisia abrotanum* (Eberraute, Zitronenkraut)
*Festuca amethystina* (Amethyst-, Regenbogenschwingel)
*Iris pallida* subsp. *pallida* (Bleiche Schwertlilie, Dalmatinische Iris)
*Phillyrea angustifolia* (Schmalblättrige Steinlinde)
*Punica granatum* (Granatapfel)
*Rosa glauca* (Bereifte, Rotblättrige Rose)
*Rosmarinus officinalis* (Rosmarin)
*Sesleria caerulea* (Moor-Blaugras)
*Vitis vinifera* (Europäische Weinrebe)

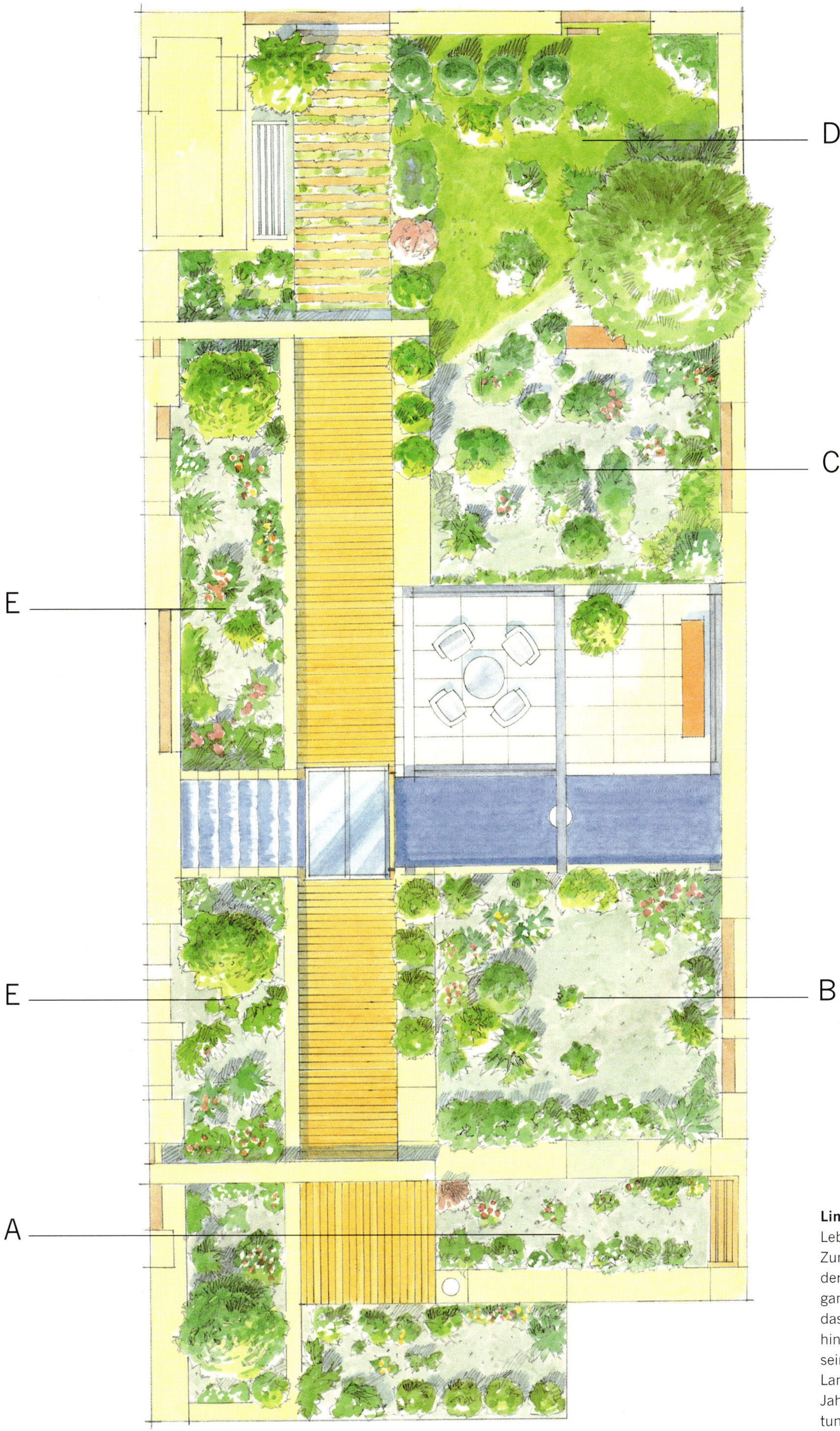


**Links:** Der Garten stellt die drei Lebensabschnitte Vergils dar: Zunächst seine frühen Jahre auf dem Land (A); jenseits des Durchgangs die Kultiviertheit Roms (B), das der Tiber durchquert; dann, hinter einem weiteren Durchgang, seine Rückkehr auf das geliebte Land (D), wo er seine späteren Jahre mit ungestörten Betrachtungen verbrachte.

**Unten:** In der Inschrift hinter einem Beet mit Schwertlilien, Zierlauch und Dornigem Bärenklau (*Acanthus spinosus*) heißt es über die Stadt Rom: „Sie aber ragt so hoch mit dem Kopf über andere Städte, Wie über zähes Mehlbeergesträuch aufragen Zypressen."
*(Eklogen 1,26 in: Götte u. Götte, Vergil: Sämtliche Werke, München 1972.)*
**Gegenüber:** Der Schatten hochstämmiger Hainbuchen fällt über einen Weg aus Holzplanken, der so gerade wie eine Römerstraße durch den Garten verläuft und über eine gläserne Brücke den symbolischen Tiber kreuzt.
**Rechts unten:** Für die Urne und sämtliche Inschriften zeichnet die Bildhauerin Belinda Eade verantwortlich.

gisch eingesetzt, im Stil einer eher offenen, natürlichen „Wiese", ganz anders als der gedrängtere, „dichte" Stil der traditionellen Englischen Rabatte. Bradley-Hole gesteht, dass er sehr unter dem Eindruck einer Studienreise durch Europa und ganz besonders der Anlagen Piet Oudolfs in Hummelo (NL) stand, der die neue Bewegung vertritt. Oudolf erklärte sich freundlicherweise bereit, einige der Pflanzen zu liefern, darunter Sterndolden und Wiesenrauten, denen eine Schlüsselrolle zukommt. Zahlreich vertreten sind auch die intensiven Blütenfarben der mittel- und dunkelblauen, rosigvioletten, weinroten und purpurfarbenen Schwertlilien, hier und da durch leuchtendes Gelb noch hervorgehoben, die sich über Wogen von Wolfsmilchgewächsen erheben: *Euphorbia dulcis* 'Chameleon', *E. cyparissias* 'Fens Ruby' und *E.* × *martinii*. Gegen die Blattschwerter der Irisgewächse setzt sich das samtige Laub von Brandkraut, Ziest und Königskerze ab, unterbrochen von hoch aufragender silberblättriger Spanischer Artischocke (*Cynara cardunculus*).

Durch einen weiteren eckigen Durchgang setzen wir unseren Weg fort und gelangen in einen beschaulicheren Gartenteil, Vergils letzten Lebensabschnitt, da er sich auf das geliebte Land zurückzog, wo er seinen Wohlstand in Ruhe genoss. Hier geht die dichte Beplankung des Weges in offen verlegtes Holz über, und auf einer Wiese mit einer Mischung von Wildblumen und Gräsern finden wir erneut den ländlichen Schotter.

Der Pfad endet vor einer von Belinda Eade gemeißelten Tafel mit einem von vielen Zitaten aus Vergils *Eclogae*. Nach zweitausend Jahren, auf der Schwelle des

dritten Jahrtausends, scheint dieses besonders relevant: „Siehe, es wankt und schwankt des Weltendomes Gewölbe, Länder und Meere, unendlich gedehnt, und die Tiefen des Himmels, Siehe, so grüßt den Äon, den nahenden, jubelnd das Weltall!“* Zur Rechten ragen vier bleistiftdünne Zypressen (*Cupressus sempervirens*) auf; mit einer einsamen Pinie (*Pinus pinea*) in der gegenüber liegenden Ecke beschwören sie die typische italienische Landschaft herauf.

Es hatte Christopher Bradley-Hole beeindruckt, dass Gärten zu ganz verschiedenen Zeiten, wie dem Italien der Renaissance oder dem England des 18. Jahrhunderts, bewusst darauf abzielten, bestimmte Stimmungen zu provozieren oder romantische oder mythologische Allegorien zu erzählen. Mit diesem Garten hat er die Tradition der allegorischen Erzählung wieder aufgenommen.

Seinen großen Erfolg verdankt der Garten zu einem guten Teil der meisterhaften Zusammenfügung aller Designkomponenten. In einem besinnlichen oder informellen Garten lassen sich viele Dinge noch korrigieren, und eine schlecht ausgerichtete oder angeschlagene Mauer kann romantisch wirken. Doch hier erfordern das moderne Design und die Materialien Präzision und perfekte Ausführung; eine geringfügige Abweichung würde alles verderben.

Am Beginn des neuen Jahrtausends erfreut sich die moderne Architektur einer willkommenen Wiederbelebung, und Gartendesigner stehen vor der Herausforderung, der Zukunft mit neuen Ideen entgegen zu gehen. Dieser Garten ist ein ganz entschiedener erster Schritt und gereicht dem Designer und allen Beteiligten zur Ehre.

* (Vergil-Zitat Eclogae 4,50 aus: Vergil: Sämtliche Werke, übers. und hrsg. von Johann und Maria Götte, München 1972.)

# Ein romantischer Waldgarten

**Oben:** Die Turmruine hüllt sich in das Scharlach von *Rosa* 'Parkdirektor Riggers'. Wurmfarn (*Dryopteris filix-mas*) und die auffallenden reinweißen Blüten des Aronkelchs (*Zantedeschia aethiopica*) 'Crowborough' mildern die steinerne Härte der zerfallenen Mauern.

Manche Menschen glauben, ein Naturgarten müsse der einfachste von allen sein – schließlich sei er „natürlich". In vielerlei Hinsicht trifft jedoch genau das Gegenteil zu; es ist weitaus schwieriger, eine natürliche Wirkung zu erzielen, als in einer formaleren Anlage Mauerarbeiten und Pflanzungen zu verbinden. Es ist nur ein schmaler Grat zwischen einem Garten, der verlassen und überwuchert wirkt, und einem Raum voller Geheimnis, mit einer ganz besonderen zeitlosen Atmosphäre.

Solch ein Garten ist dieses entzückende Waldstück. Seine Designerin Arabella Lennox-Boyd sagt dazu: „Es ist, als sei man durch eine Lücke in einer alten Eibenhecke geschlüpft und habe zu seiner großen Überraschung bei einem Bach die Ruine eines alten Turmes entdeckt. Für ganz kurz steht die Zeit still ..."

Ihren Ursprung hatte die Idee in Italiens herrlich romantischem Garten von Ninfa bei Rom, wo mittelalterliche, von schwer duftenden Rosen überwucherte

Ruinen an Bächen aufragen, deren Wasser so klar wie Gin fließen. Trotz seiner fantastischen Elemente kann man sich ohne allzu große Anstrengung vorstellen, wie sich solch ein Waldgarten auf jedem halbwegs passablen Grundstück verwirklichen ließe. Lennox-Boyds Garten ist sehr der Tradition der „Folie" verpflichtet, wo ein außergewöhnliches Bauwerk oder eine künstliche Ruine in entsprechender Umgebung ein ganz besonderes Ambiente erwirkt.

Die Turmruine steht im Mittelpunkt dieses Gartens, in dem das Bächlein als Verbindungsglied fungiert. Es rinnt um die Insel bis unter den rasenbedeckten Mauersteg, der zu dem langsam verrottenden Eingangstor des alten Turmes führt. Hier macht es kehrt, um sich schließlich am entgegengesetzten Ende des Gartens unter einer rustikalen Brücke zu verlieren. Uferpflanzen kennzeichnen seinen Verlauf; elegant blassblaue *Iris sibirica* und rein weißer Aronkelch kontrastieren mit den runden, stark gelappten Blättern des Nesselschirms (*Gunnera tinctoria*), eines Verwandten des Riesenrhabarbers (*Gunnera manicata*).

Die Hänge beiderseits des Bachlaufs sind von einer einzigen Baumart besiedelt: Das gebrochene Weiß der Silberbirkenrinde (*Betula utilis*) hebt sich leuchtend vor dem dunklen Hintergrund aus Steineichen (*Quercus ilex*) und Duftblütensträuchern (*Osmanthus heterophyllus*) ab, hinter denen die Gartengrenzen verschwimmen. Im Vordergrund ergänzen Unmengen weißen Fingerhutes die gelungene Mischung aus Schneespiere (*Spiraea × vanhouttei*) und Schneeball (*Viburnum opulus*) 'Roseum'. Die Grasnarbe unter den Birken lockern waldtypische Pflanzungen aus Storchschnabel, Salomonssiegel, Immergrün und Farnen auf, von weißen Rosenranken unterbrochen.

Die Gärten von heute sind so häufig über alle Maßen konstruiert und überladen, so voller Menschenwerk – Pflaster, Gartenmöbel, Kunstobjekte –, dass es manchmal richtig gut tut, einmal nur mit der Natur zu arbeiten und mit leichter Hand ein Werk von zeitloser Harmonie und Unaufdringlichkeit zu schaffen. Wer sich nun fragt, wie neben dem Garten in zwei Wochen auch noch der Turm in solch kurzer Zeit erbaut werden konnte, dem sei verraten, dass dieser schon vorher so konstruiert wurde, dass er sich wie ein Riesenpuzzle zerlegen, transportieren und wieder zusammensetzen ließ!

**Oben:** Über die eindrucksvollen Nesselschirme des Mammutblattes (*Gunnera tinctoria*) fällt der Blick auf die weiße Rankrose 'Seagull', die über den Hang flutet.
**Unten:** Von den Holzplanken rechts im Bild folgt das Auge dem Bachlauf bis hin zu dem alten steinernen Turm mit seinem Brückenbogen.

# Skulptur im Garten

**Oben:** Der „Kaledonische Eber" blickt friedlich über die spiegelnde Wasseroberfläche des Hauptkanals. Den Anblick rahmen zwei mit Bossenwerk verzierte Pfeiler; eine vergoldete und eine versilberte Kugel, Sinnbilder für das Wetter, krönen sie.
**Gegenüber:** Aus einem anderen Blickwinkel rücken Rosmarin, Zypressen-Heiligenkraut (*Santolina chamaecyparissus*) 'Lambrook Silver', Katzenminze *Nepeta* 'Six Hills Giant', Edelraute *Artemisia* 'Powis Castle' und die reinblauen Flachsblüten von *Linum perenne* in den Blickpunkt.

Dieser Garten ist eine zeitgenössische Interpretation des formalen Skulpturengartens des 17. Jahrhunderts. Der Designer George Carter ist überzeugt, dass die barocken Gärten jener Zeit dem heutigen minimalistischen Design verblüffend ähnlicher sind als die „naturalistischeren" Gärten des 18. und 19. Jahrhunderts. Sämtliche Elemente des klassischen Gartens des ausgehenden 17. Jahrhunderts – Wasser, Formsträucher, Architektur und Skulptur – kommen hier zusammen und sind zu einer Freiluft-Galerie reizvoller Perspektiven zusammengefügt.

Zusätzliche Inspiration holte sich der Designer in noch früheren Epochen, wie der italienischen Renaissance, in der die Skulptur im Garten eine wichtige Rolle spielte. Etwa um 1505 hatte Papst Julius II. den großen Architekten und Künstler Bramante beauftragt, einen Plan zu entwerfen, der den Papstpalast im Vatikan mit der Villa Belvedere verbinden sollte, dem Landsitz eines früheren Papstes. Bramantes Entwurf für die Cortile di Belvedere war eine bemerkenswerte architektonische Leistung; Teil dieses Gartens war eine offene Skulpturen-Galerie mit vielen zeitgenössischen und antiken Kunstwerken.

Ähnliche Beispiele finden sich selbst in der Zeit des Römischen Reiches, führend darunter der großartige Garten um Kaiser Hadrians Landhaus in Tivoli. Viele Kunstwerke sind dort nicht als reine Kunstobjekte, sondern als wesentlicher Bestandteil des Designs in Kolonnaden, Grotten und Wege integriert.

Dieser Garten ist als lang gestrecktes Rechteck angelegt und von vorn und einer Seite aus zu betrachten. In ihm kommen nicht Farben und Massenpflanzungen, sondern Lichtreflexe auf dunklem Laub, Wasser und kontrastierende Texturen zur Geltung. Die drei Hauptachsen sind durch drei Kanäle bestimmt; den mittleren und breitesten flankieren zwei schmalere. Diese seichten Wasserbecken sind mit poliertem Stahl umrandet und schwarz ausgeschlagen, wodurch ein alles beherrschender Eindruck von Stille und Ruhe entsteht.

In Form geschnittene Sträucher akzentuieren das Silber und Grau des Vordergrundes; unter ihnen fallen konische Schmalblättrige Steinlinden (*Phillyrea angustifolia*) auf – einst die beliebteste Pflanze für den Formschnitt, heute praktisch vergessen. Sie erheben sich über einen Teppich aus Katzenminze *Nepeta* 'Six Hills Giant', Edelraute *Artemisia* 'Powis Castle' und Wollziest (*Stachys byzantina*), der sich in der Mitte zu einer Woge aus Rosmarin, Zypressen-Heiligenkraut (*Santolina chamaecyparissus*) 'Lambrook Silver' und Immortellen (*Helichrysum splendidum*) verdichtet. An den Kanten kontrastiert Weißfilziges Greiskraut (*Senecio cineraria*) mit spitzem Blauschwingelgras (*Festuca glauca*).

Auf halber Länge des mittleren Kanals unterbricht eine Doppelreihe von Platanen (*Platanus* × *acerifolia*) die Anlage. Sie sind zu flachen Schirmen gezogen; Sonnenflecken, die ihr schützendes Blätterdach durchdringen, tanzen auf zwei hochglanzpolierten Aluminium-Skulpturen von Georgina Miller. Diese Objekte mit dem Titel „Die Hyalinen" sind halb untergetaucht in den beiden äußeren Kanälen platziert, wo sie sich im glatten Wasser spiegeln.

Der hinterste Gartenteil ist äußerst schlicht gestaltet; hoch aufragende Eibenkegel stehen im Gegensatz zu der Waagerechten des kurz geschorenen Rasens. Dieser erstreckt sich bis hin zu dem Bossenwerk der Umgrenzung in dunklem Friesenblau, hinter der fünf Zypressen (*Cupressus sempervirens* 'Stricta') Wache stehen. Die architektonische Einfriedung ist der ideale Hintergrund für die drei Skulpturen, die an den Kopfenden der Kanäle Blicke auf sich ziehen.

In der Mitte hockt auf einer Sockelinsel sinnierend die imposante Figur des „Kaledonischen Ebers" von Neil Simmons. In Nischen zu beiden Seiten stehen Bronzemasken der Künstlerin Olivia Musgrave. Rechts beweint Orpheus den Verlust seiner geliebten Eurydike; links sind Apollo und Daphne durch Amors grausame Pfeile in nicht endender Liebesqual vereint. Podeste erheben diese Arbeiten über das Wasser des Kanals.

Den Blick auf den Garten rahmen vier hohe, mit Bossenwerk versehene Pfeiler; ihr solider Anschein trügt, denn sie sind aus mattgrau gestrichenem Holz gefertigt. Ein jeder trägt eine vergoldete oder versilberte Kugel, von George Carter entworfen, deren symbolhafte Verzierung das Wetter darstellt: Sonne, Regen, Blitz und Frost. Als Seitenbegrenzung fungiert ein Gitter, das mit poliertem galvanisiertem Stahl hinterlegt ist und ein absichtlich diffuses, die Grenzen verwischendes Bild reflektiert.

Hier zeigt sich uns ein Garten von klassischer Anmut, dem doch zur gleichen Zeit durch seine Materialien und ihre Verwendung der Stempel unserer Zeit unübersehbar aufgedrückt wurde. Das Ergebnis ist ein heiterer, ruhiger Rahmen für die ausgewählten Skulpturen.

Anderen Skulpturen mögen ein anderes Layout und eine andere Pflanzenwahl eher entgegenkommen. Ein naturalistischer Rahmen hebt eine lebensechte Tierfigur hervor; ein schlichtes oder abstraktes Objekt käme mit einer Bepflanzung von kräftiger Farbe und Form zur Geltung; ein überraschendes Moment oder, alternativ, eine einzige Sorte in Massenpflanzung wäre ein idealer Hintergrund für eine Kuriosität oder eine surreale Skulptur.

Der Garten selbst ist eine Kunstform, jedoch eine, die mit den Jahreszeiten wechselt und einer zeitlichen Entwicklung unterliegt; Skulpturen verleihen ihm eine zusätzliche Dimension und ein Gefühl der Permanenz.

**Oben und gegenüber:** Die Bronzeköpfe von Orpheus (oben) und Daphne und Apollo (gegenüber) sind eindeutig von griechischer Mythologie inspiriert. Die Eingebung für die verchromten Aluminiumobjekte, die in den Kanälen schwimmen, stammt dagegen von einem Tauchausflug der Künstlerin zum Roten Meer.

# Der Garten des Steinbrechers

Das Thema dieses Gartens ist der Naturschutz, und zwar ganz gezielt die Erhaltung der Schmetterlinge. Hier fügen sich unterschiedliche Lebensräume zu einem Garten zusammen, der schön und gleichzeitig ideal für Tiere ist. Zweifellos gehören Wildgärten zu den schwierigsten Anlagen; dies trifft umso mehr auf Schaugärten zu, die in nur zwei Wochen fertiggestellt sein müssen. Angestrebt wird jenes magische Moment, das sich in dem Kommentar bestätigt: „Es sieht aus, als wäre es schon immer da gewesen!" Solch ein Garten wird selten im Detail geplant; die grundsätzliche Anlage wird skizziert, doch seine einzelnen Elemente werden erst vor Ort zusammengeführt.

Marney Hall, Ökologin und Spezialistin für Wildkräuter, hat sich hier mit Paul Dyer zusammengetan, der sich auf „natürliche" Wasseranlagen spezialisiert. Sie vereinten ihre unterschiedlichen Talente und schufen einen Naturgarten, der wirklich seit Ewigkeiten zu existieren scheint. Diese Kunst erfordert einen guten Blick für Farbe und Form und eine gewisse Demut Mutter Natur gegenüber, deren ungestörtes Werk es genau zu beobachten gilt.

Der Garten basiert auf einer hübschen Geschichte. Der alte Mr. Machaon wohnt gleich neben seinem alten, teils brachliegenden und überwucherten Kalksteinbruch, den er nicht mehr selbst bewirtschaftet. Sein Leben lang war er von Schmetterlingen fasziniert und hat oft beobachtet, wie schnell die Tierwelt, und ganz besonders diese kleinen Juwele, einen verlassenen Tagebau zurückerobern.

Der Garten ist Mr. Machaons privates Naturschutzgebiet, in dem er versucht, mit und nicht gegen die Natur zu arbeiten, wobei etwas ganz Besonderes entstand. Täglich durchquert er auf dem ausgetretenen Pfad zwischen den Felsen oberhalb des Steinbruchs ein buntes Durcheinander an Wildblumen, die sich dort angesiedelt haben: wilder Thymian, Hufeisenklee, Vogelfuß-Klee, Zistrosen und Sand-Rapunzel. Sein Pfad verläuft entlang eines Getreidefeldes, und er hat den Bauern überredet, den Feldrand nicht zu sprühen. Das kommt den Vögeln und Schmetterlingen zugute, die auf den Kornblumen und Saatwucherblumen leben, die dieses Biotop kolonisieren.

Am Ende des Feldes gelangt er über einen alten Zauntritt zum Tüpfelwald. Die uralten Bäume wurden vor einem Vierteljahrhundert gefällt; es sind nur ihre Stümpfe übrig, doch die neu aufspringenden Bäumchen zeugen von ihnen: Eichen, Kastanien, Hasel, Esche. Im Wald entspringt ein Quellwasser, das an der Hütte vorüber läuft und in einer verschwenderischen Fülle wilder und kultivierter Blumen von den Felsen rinnt. Duftende purpurviolette Nachtviolen wogen zwischen den malvenrosa und blauweißen Blütensternen von Osteospermum; Spornblumen mit ihren winzigen, rosenroten Blüten lassen die rosa und glutroten Miniatur-Schüreisen der Orchideenprimel (*Primula vialii*) leuchten.

Mr. Machaons ganzer Stolz ist das alte Holzhäuschen; die Idee dazu stammt von einer Fahrt durch Amerikas Adirondack-Berge vor langer Zeit. Liebevoll hat

**Gegenüber:** Viele verschiedene nektarreiche Blütenpflanzen schaffen rund um die Hütte einen einladenden Lebensraum für Schmetterlinge.
**Links unten:** Die Torpfeiler sind aus einem einzigen Stein gespalten; auf beiden Hälften ist oben der Abdruck eines Ammoniten zu erkennen.
**Unten:** Üppiger Fingerhut, Nachtviolen und Skabiosen gedeihen am Bachufer.

er es aus gesammelten Holzteilen und Fenstern zusammengefügt. Die Konstruktion hat seinen ganzen Einfallsreichtum gefordert; auch sein Hobby, das Schnitzen, kam zum Einsatz. Tatsächlich ist die Hütte das Werk von Philip Game, Künstler und leidenschaftlicher Entwerfer exzentrischer Bauwerke, und von David Williams, Künstler, Möbelschreiner und Holzschnitzer. Gemeinsam trugen sie viele Dinge zusammen: den Boden einer alten Pfadfinderhütte und Treibholz aus dem Fluss Wye; die Dacheindeckung aus Eichenrinde und das abblätternde Firstbrett eines Dorfladens sowie den alten Stuhl mit Spindelrücken aus der Garage eines Freundes – alles in allem ein Triumpf der Wiederverwertung.

Mr. Machaon ist sehr bemüht, seine Nachbarn von der Notwendigkeit für Naturschutz zu überzeugen. Viele Schmetterlinge können in unseren Gärten leben und sich vermehren, wenn sie die rechte Kombination von Wirtspflanzen, Sonnenschein und Unterschlupf vorfinden. Er besteht darauf, dass jeder Garten auf seine Weise ein Naturschutzgebiet sein kann.

Und warum „Mr. Machaon"? Marney Hall beschäftigt sich seit über 25 Jahren mit Schmetterlingen; ihr liebster ist der Schwalbenschwanz, *Papilio machaon*.

**Gegenüber:** In dieser ungewöhnlichen Mischung von Wild- und Gartenblumen finden sich blaue Säckelblume (*Ceanothus*), violette Sonnenwende (*Heliotropium*), *Scabiosa* 'Butterfly Blue', *Phlox* 'Scented Pillow' in hellem Flieder und *Alyssum* 'Little Dorrit'. Die gelben Tupfen des Wilden Stiefmütterchens (*Viola tricolor*) wiederholen sich im Goldlack *Erisymum* 'Bowles' Yellow' und den gelben Wasserschwertlilien (*Iris pseudacorus*).

**Bäume**

Eiche
Esche
Espe
Feldahorn
Linde
Weide
Wildkirsche

**Waldpflanzen**

Brennessel
Duftveilchen
Fingerhut
Frauenschuh-Orchidee
Gelbe Schlüsselblume
Glockenblume
Karde
Knoblauchsrauke
Maiglöckchen
Mandelblättrige Wolfsmilch
Nesselblättrige Glockenblume
Pfirsichblättrige Glockenblume
Rote Lichtnelke
Salomonssiegel
Sternmiere
Straußfarn
Wald-Frauenfarn
Waldhainsimse
Weiße Lichtnelke
Wiesenkerbel
Wurmfarn

**Sträucher**

Efeu
Geißblatt
Hasel
Kreuzdorn
Liguster
*Rosa filipes* 'Kiftsgate'
*Rosa* 'Kent'
*Rosa* 'Rambling Rector'
*Rosa* 'Seagull'
Schwarzdorn
Spindelbaum
Stechginster
Stechpalme
Weißdorn
Zierapfel

**Wiesenpflanzen**

Gamanderehrenpreis
Gänseblümchen
Gänsefingerkraut
Geflecktes Knabenkraut
Gewöhnliches Katzenpfötchen
Großer Wiesenknopf
Hahnenfuß
Kleine Brunelle
Kleines Habichtskraut
Knöllchensteinbrech
Kratzdistel
Kuckucksnelke
Majoran
Margerite
Rotklee
Sauerampfer
Schachbrettblume
Schlüsselblume
Spitzwegerich
Stumpfblättriger Ampfer
Sumpfwurz
Wiesenplatterbse
Zittergras

**Steingartengewächse**

Dickies fern
Färber-Resede
Fetthenne
Gemeiner Thymian
Gewöhnlicher Wundklee
Grasnelke
Große Klette
Hirschzungenfarn
Hufeisenklee
Königskerze
Pyramidenorchis
Rundblättrige Glockenblume
Ruprechtskraut
Sand-Rapunzel (selten; häufig: Schafrapunzel)
Schwarzer Strichfarn
Schwarzstieliger Strichfarn
Taubenkropf
Vogelfuß-Klee
Walderdbeere
Wildes Stiefmütterchen
Zimbelkraut
Zistrose

**Sumpfpflanzen**

Gauklerblume
Gelbe Wasserschwertlilie
Sumpfampfer
Günsel
Königsfarn
Wilder Eppich
Pfennigkraut
Sumpfdotterblume
Sumpf-Vergissmeinnicht
Bachminze
Zarte Binse

**Beetpflanzen**

Berufkraut
Säckelblume
Escallonie
Fetthenne
Fingerkraut
Flammenblume
Flieder
Ginster
Goldlack
Lavendel
Leberbalsam
Mariendistel
Nachtviole
Osteospermum
Rote Spornblume
Schmetterlingsflieder
Silberblatt
Skabiose
Sonnenwende
Stangenbohnen
Steinkraut
Strauchveronika
Zistrose

# Die Rieselwiese

**Oben:** Kopfweiden, von den vorherrschenden Winden gebeugt, vermitteln das Gefühl, man befinde sich auf offener, windiger Ebene.
**Gegenüber:** Die Keramikstäbe stehen wie verwurzelt zwischen den Binsen. In Farbe und Form nehmen sie die drei Schlüsselelemente der Rieselwiese auf: die Waagerechte der Landschaft, die Senkrechte der Vegetation und die Bewegung der Fische.

Hier demonstriert der Designer Mark Anthony Walker, auf welch einfache Weise man ein Stück Natur wie diese moorartige Rieselwiese in ein besonderes Plätzchen verwandeln kann: Dem Naturgarten wurden nur zwei Elemente aus Menschenhand lhinzugefügt.

Bei der Realisierung wurde ein Eckchen einer wesentlich größeren Wiese „angehoben" und auf der Parzelle abgesetzt; die Baumreihen, der Wasserlauf und der Plankenweg verlaufen alle leicht schräg zu den Grundstücksgrenzen. Auf subtile Art entsteht dadurch Bewegung, die suggeriert, dass die Grenze nicht gleichzeitig das Ende ist. Ein gerader Verlauf dagegen wäre visuell statisch und vermittelte dadurch den Eindruck, der Garten sei in sich selbst abgeschlossen.

Weidenruten (*Salix caladendron*), die auf zwei Seiten dicht entlang der Grenze eingesteckt sind, verwischen den Übergang zur Landschaft. Fünf Kopfweiden (*Salix alba*) bilden den Rahmen; ihre knorrigen, rissigen Stämme beugen sich vor der herrschenden Macht des Windes.

Auf der Wiese rund um das Wasser sind viele einheimische Blütenpflanzen angesiedelt: Zu Engelwurz (*Angelica archangelica*), Kuckucksnelke (*Lychnis flos-cuculi*), Butterblume (*Ranunculus lingua*) und Schachbrettblume (*Fritillaria meleagris*) gesellen sich Morastpflanzen wie Fieberklee (*Menyanthes trifoliata*), Sumpfdotterblume (*Caltha palustris*), Sumpfvergissmeinnicht (*Myosotis scorpioides*), Wasserschwertlilie (*Iris pseudacorus*) und kleine Gruppen reinweißen Aronkelches (*Zantedeschia aethiopica*).

Im Vordergrund lockert eine Anordnung von Keramikstangen des Künstlers Jonathan Keep den dichten Bewuchs von Ried und Seggen auf. Die farbigen Stangen mit den abstrahierten Fischkörpern spiegeln sich im Wasser; sie ergänzen die Rotbrauntöne des sich wiegenden Schilfes wunderbar, ohne den Blick auf die Weiden zu blockieren.

Der schlichte Holzsteg aus geriefften Planken scheint geradezu über dem Wasser zu schweben; auf ihm gelangt man bis mitten in den Garten, wo man das reiche Treiben im Wasser dicht vor Augen hat. An einem milden Sommertag könnte man auf einem Liegestuhl theoretisch hier die schöne Natur mit allen Sinnen genießen: das plötzliche Auffunkeln von Libellenflügeln und der schwarze Flaum der Teichhuhnküken, die sich eifrig ihren Weg durch das Schilfrohr suchen …

# Ein Garten für Kinder

**Oben:** Ratterichs grasgedecktes Häuschen am Fluss ist der bezaubernde Mittelpunkt dieses einfallsreichen Gartens.

An diesem Garten haben Kinder wie Erwachsene ihre Freude. Er entführt uns in das fantastische Reich von Ratterichs Flussufer aus Kenneth Grahames Kinderbuchklassiker *Der Wind in den Weiden*. Designerin Bunny Guinness ist es gelungen, sich vollkommen vom klassischen Spielgarten mit Plastikrutsche, Klettergerüst und Sandkasten zu lösen, um Kindern die Freude an der Pflanzen- und Tierwelt nahe zu bringen und das unwiderstehliche Spiel mit und am Wasser zu ermöglichen.

Das Herzstück des Gartens ist Ratterichs wunderbar nachempfundenes Häuschen am Fluss, mitsamt Veranda und Poller, an dem sein kleines Ruderboot mit einem überquellenden Picknickkorb bereit liegt. Welches Kind wäre nicht von einem solchen Häuschen begeistert? Vollkommen anders als das gängige Spielhaus, normalerweise eine kleinformatige Gartenhütte mit Vorhängen, präsentiert sich diese originelle Unterkunft mit solch spannenden Attraktionen wie einer Leiter, über die man durch den Schornstein auf das rasengedeckte, mit Hopfen (*Humulus lupulus*) gesäumte Dach gelangt.

Als Mutter zweier Kinder sind Bunny Guinness mögliche Unfallrisiken durchaus bewusst. Überall ist darauf geachtet worden, dass der Garten ein sicherer Ort zum Spielen ist, ganz besonders bei den Wasseranlagen. Das tiefere Gewässer vor dem Anlegesteg ist direkt unter der Oberfläche mit einem Metallgitter gesichert; von hier plätschert das Wasser in einen seichten, maximal fünf Zentimeter tiefen Bach hinunter, in dem es über fest in Zement gesetzte Kiesel bis in einen Teich mit Sandstrand rinnt. Dieser Abschnitt ist so konstruiert, dass er sich von Zeit zu Zeit zum Reinigen entleeren lässt.

Die Uferbepflanzung mit ihrer Mischung von Ufer- und Sumpfpflanzen wirkt überaus natürlich. Kreuzkraut (*Ligularia dentata*) 'Desdemona' folgt dem Bachufer; seine dunkelviolett überhauchten Herzblätter, von denen sich im Sommer die leuchtend orangefarbenen Blüten wunderbar absetzen, stehen in herrlichem Kontrast zu den violettblauen Blüten der schwertblättrigen *Iris sibirica*. Das tiefere Wasser trägt Seerosen und die intensiv duftenden, weiß gegabelten Blüten der Kap-Wasserähre (*Aponogeton distachyos*). Schwanenblumen (*Butomus umbellatus*) säumen den oberen Teich mit ihren zartrosa Blütendolden; hellblaue Sumpfvergissmeinnicht (*Myosotis scorpioides*) 'Mermaid' umspielen ihre Füße, während die spitzen Büschel des Zwergrohrkolbens (*Typha minima*) direkt im Wasser stehen. Am Ufer entfalten sich die jungen Blätter des Riesenrhabarbers (*Gunnera manicata*) neben den nickenden, mit weißen Glöckchen behangenen Stielen des Salomonssiegels (*Polygonatum* × *hybridum*) und hingeduckten, früh blühenden Tränenden Herzen mit ihren rosa Blütenmedaillons.

**Unten:** Eine Tür verwandelt den uralten hohlen Weidenstamm in ein heimliches Versteck.

**Gemischte Rabatte**
*Acanthus mollis* (Weicher Bärenklau)
*Aegopodium podagraria* 'Variegata' (Buntblättriger Giersch)
*Agapanthus Headbourne Hybrids* (Schmucklilie)
*Ajuga reptans* 'Catlin's Giant' (Kriechender Günsel)
*Angelica archangelica* (Echte Engelwurz)
*Arundo donax* 'Variegata' (Riesenschilf)
*Asplenium scolopendrium* (Hirschzungenfarn)
*Aucuba japonica* (Goldorange)
*Bambusarten* (bunt)
*Brunnera macrophylla* (Kaukasus-Vergissmeinnicht)
*Brunnera macrophylla* 'Hadspen Cream'
*Campanula persicifolia* (Pfirsichblättrige Glockenblume)
*Centranthus ruber* (Rote Spornblume)
*Centranthus ruber* 'Albus' (weiß blühende Spornblume)
*Crinodendron hookerianum* (Crinodendron)
*Dicentra spectabilis* (Tränendes Herz)
*Digitalis purpurea* (Roter Fingerhut)
*Dipsacus fullonum* (syn. *D. sylvestris;* Wilde Karde)
*Fargesia murieliae* (Bambus)
Farne (verschiedene Arten)
*Griselinia littoralis* (Griselinia)
*Hedera helix* (Efeu)
*Hesperis matronalis* (Gemeine Nachtviole)
*Humulus lupulus* (Hopfen)
*Iris foetidissima* 'Variegata' (Stinkende Schwertlilie)
*Lonicera* x *brownii* 'Dropmore Scarlet' (Geißblatt)
*Lunaria annua* 'Alba Variegata' (Silberblatt)
*Mahonia lomariifolia* (Mahonie)
*Melianthus major* (Honigstrauch)
*Miscanthus sinensis* 'Zebrinus' (Chinaschilf)
*Omphalodes verna* (Gedenkemein)
*Osmanthus heterophyllus* (Stachelblättrige Duftblüte)
*Osmunda regalis* (Königsfarn)
*Persicaria bistorta* 'Superba' (Wiesenknöterich)
*Pittosporum tobira* (Pechsamenstrauch)
*Polygonatum* x *hybridum* (Salomonssiegel)
*Primula florindae* (Tibetprimel)
*Pseudosasa japonica* (Breitblattbambus)
*Pulmonaria rubra* (Lungenkraut)
*Rosa* 'Arctic Snow'
*Symphytum* x *uplandicum* 'Variegatum' (Futter-Beinwell)
*Trollius* x *cultorum* 'Superbus' (Trollblume)
*Verbascum bombyciferum* (Königskerze)
*Zantedeschia aethiopica* (Aronkelch)

**Sumpf- und Wasserpflanzen**
*Aponogeton distachyos* (Kap-Wasserähre)
*Butomus umbellatus* (Doldige Schwanenblume)
*Caltha palustris* (Sumpfdotterblume)
*Darmera peltata* (Schildblatt)
*Glyceria maxima* var. *variegata* (Großer Schwaden)
*Gunnera manicata* (Riesenrhabarber)
*Iris sibirica* (Sibirische Iris)
*Ligularia dentata* 'Desdemona' (Kreuzkraut)
*Lysichiton americanus* (Gelbe Scheinkalla)
*Lysimachia nummularia* 'Aurea' (Pfennigkraut)
*Menyanthes trifoliata* (Fieberklee)
*Myosotis scorpioides* (Sumpf-Vergissmeinnicht)
*Nuphar lutea* (Gelbe Teichrose)
*Nymphoides peltata* (Seekanne)
*Phalaris arundinacea* var. *picta* (Rohr-Glanzgras)
*Potamogeton crispus* (Krauses Laichkraut)
*Ranunculus lingua* (Großer Hahnenfuß)
*Rheum palmatum* (Zier-Rhabarber)
*Typha latifolia* (Großer Rohrkolben)
*Typha minima* (Zwerg-Rohrkolben)

**Bauern- und Gemüsegarten**
*Anthemis tinctoria* 'E.C. Buxton' (Färberkamille)
*Buxus sempervirens* 'Suffruticosa' (Buchs)
*Helianthus annuus* (Gemeine Sonnenblume)
*Matthiola incana* 'Cinderella Series' (Levkoje)
*Nicotiana* sp. (Ziertabak in Sorten)
*Petunia* 'Dark Blue Frenzy'
*Petunia* 'Express Sky Blue'
*Salvia patens* 'Cambridge Blue' (Salbei)
*Soleirolia soleirolii* (Bubiköpfchen)
*Viola* sp. (Veilchen in Sorten)

Erdbeerspinat
Gelbe Zucchini
Goldene Kletterbohne
Lauch
Rote Zwiebel
Roter Mangold
Schnittlauch
Tomate
Zierkohl
Zucchini
Zuckermais

**Gegenüber:** Geißblatt (*Lonicera* x *brownii*) 'Dropmore Scarlet' rankt an dem alten Apfelbaum inmitten der Blumenwiese in die Höhe; darunter hält Ratterich ein kleines Nickerchen.

Ein breiter Bohlensteg führt an einem knorrigen, hohlen Weidenstamm vorüber, den ein knarrendes altes Tor mit Geheimnis und Faszination erfüllt. Über Baumscheiben folgt der Weg bis zu einem kleinen Gemüsebeet bei Ratterichs Hausdach, wo Sonnenblumen und Buchshecken Beete voller Stangenbohnen, Zucchini, Tomaten und Zuckermais einfassen. Gibt es einen besseren Weg, Kindern das Gärtnern nahe zu bringen, als durch selbst angepflanztes Gemüse, das sie am Ende frisch genießen können?

In diesem Garten findet sich eine große Vielfalt an interessanten Pflanzen. Den robusten Rahmen bilden widerstandsfähige Gewächse wie Haselgebüsch (*Corylus avellana*), Kopf- und Lavendelweiden (*Salix alba* 'Vitellina' und *Salix elaeagnos*) und ein anmutiger, schnell wachsender Uferbaum, die Schwarzerle (*Alnus glutinosa*), die im Frühjahr mit attraktiven dunkelbraunen Fruchtzapfen aufwartet.

Bunte Stauden bringen Farbkleckse in den Garten. Zwischen stark duftenden Levkojen und Ziertabak in Primärfarben und Pastelltönen ragen die hohen Stängel der Königskerze (*Verbascum bombyciferum*) auf, deren graufilziges Laub den idealen Hintergrund für violett gerüschten Zierkohl und die rosigen Blütensterne der Spornblume (*Centranthus ruber*) bildet. Neben dem Zitronengelb der Trollblume ergießt sich eine Blütenwoge von Wiesenknöterich (*Persicaria bistorta*) 'Superba' in weichem Rosa über das Ufer bis zu dem Sandstrand hinab.

Im Vordergrund liegt ein offenes Wiesenstück voller Wildblumen – Primeln, Himmelsschlüssel, Kuckucksnelken und funkelnden Gänseblümchen –, das am Wasserrand in einen Bewuchs aus Etagenprimeln und frischgrünem Farn (darunter Wurmfarn – *Dryopteris filix-mas*) inmitten von Efeu unterschiedlicher Blattform und Kriechgünsel (*Ajuga reptans*) 'Catlin's Giant' übergeht. Mitten auf der Wiese steht ein alter Apfelbaum; an einem seiner zerfurchten Äste hängt eine

einfache Schaukel. Hier finden wir, lang ausgestreckt im süß duftenden Gras, den Ratterich selbst. Nicht weit von ihm sitzt der respektable Herr Kröterich am Ufer; mit Blazer, Fliege und Kreissäge prächtig angetan, badet er seine Zehen im Bach. Diese bezaubernden Kreaturen sind das Werk von John Carnell, Stadtrat in Torbay in Devon. Er überzog dazu ein Gerippe aus dünnen Stahlstäben mit Hühnerdraht, den er mit stark Wasser speicherndem Substrat auffüllte. Sukkulenten wurden einzeln durch die Maschen gesteckt; jede Sorte ist sorgfältig nach Farbe und Textur ausgewählt.

Sei es als versteckter Winkel einer viel größeren Anlage oder als selbstständiger „Natur“garten – in dieser zauberhaften Umgebung kann die ganze Familie viele vergnügte Stunden verbringen.

**Gegenüber:** In diesem Gemüsegärtchen findet sich mehr als nur Grünzeug – goldgelbe Bohnen, lilablauer Kohl und rosa Schnittlauchblüten bringen Farbe ins Bild.
**Unten:** Eine grüne Wiese, ein Katzensprung weiter einen Sandstrand – welche Kinderwünsche bleiben da noch offen?

# Das Gärtchen an der Bahnstation

**Gegenüber:** Die eingebrochene Plattform ist ein raffiniertes Wasserelement – ein Wasserfall rinnt die Stufen herunter, über das Pflaster und die Kante bis in das Sumpfgärtchen zwischen den Schienen.

Dieser Garten ist der absolute Traum eines jeden, der sich nach der guten alten Zeit der Dampflok zurücksehnt. An Nostalgie lässt er sich wohl kaum überbieten, ob er nun persönliche Erinnerungen oder aber die Romantik der Leinwand wachruft: *Brief Encounters* mit Trevor Howard und Celia Johnson; Alec Guinness und Peter Sellers in *The Lady Killers*; Richard Rodney Bennetts Eröffnungsmusik in *Mord im Orientexpress*, während der Zug Fahrt aufnimmt und das alte Istanbul verlässt. Oder die Aufnahmen der gewaltigen Dampfloks, der „Great Western" und der „Flying Scotsman" – oder das früher so vertraute Geräusch, wenn der Zug von der Nebenstrecke in den Bahnhof einfährt, Dampf ablässt, zum Stehen kommt, und dann das bedeutungsvolle Klicken der sich öffnenden Türen und das dumpfe Rumsen beim Schließen. Nun ja, vielleicht lasse ich mich hier ein wenig zu sehr hinreißen, doch eigentlich besteht kein Grund, warum man mit der Technologie von heute nicht den Erinnerungen von gestern auf die Sprünge helfen könnte – man verlegt einfach im Garten ein paar Lautsprecherkabel ...

Auch wer sich nicht auf eine Reise in die Vergangenheit begeben will, findet in diesem Entwurf den idealen Rahmen für ein Nebeneinander von naturgemäßer und planvoller Pflanzung. Der verstorbene Geoff Hamilton sah in ihm ein Beispiel dafür, wie sich auf relativ engem Raum mehrere unterschiedliche Bereiche miteinander verbinden lassen, von denen jeder einen eigenen Charakter hat und doch mit den übrigen ein harmonisches Ganzes bildet. Die Inspiration für diesen Garten fand Designer Julian Dowle bei Snowdon in Nordwales, wo er und seine Frau gern in einem „Cottage" Urlaub machen. Die Natur hat eine verlassene Bahnstrecke in der Nähe zurückerobert; hier entstand die Idee, einen Garten zu schaffen, in dem sich das „Naturgewachsene" mit dem Menschengeschaffenen verbindet.

Auf der untersten Ebene im Vordergrund hat sich auf dem aufgerissenen Schienenweg eine vollkommen natürliche Pflanzengemeinschaft angesiedelt. Krüppelbirken und Weiden, Butterblumen und Margeriten, wilde Rosen, Fingerhut, Weidenröschen und Kuhblumen sprießen zwischen den Schwellen – genau wie sich uns ein stillgelegtes Nebengleis im Vorbeifahren flüchtig zeigt.

Die zweite Ebene bildet die eingebrochene gepflasterte Plattform mit ihrer hölzernen Wartebank. Hier findet sich ein raffiniert integriertes Wasserspiel: Eine Quelle, die auf der obersten Ebene entspringt, rinnt die Stufen herab, über

**Oben:** Dieser sinnträchtige Garten ist für den Eisenbahn-Enthusiasten entworfen, doch bei näherem Hinsehen findet auch der begeisterte Gärtner viele interessante Details in den unterschiedlichen Niveaus und Beetanlagen.

das lose Pflaster und schließlich als kleiner Wasserfall über die Bahnsteigkante. Zwischen den Schwellen sammelt er sich zu einem winzigen Teich, idealer Lebensraum für Frösche und Molche, gelbe Wasserschwertlilien und Malven. Eine kleine Pumpe, in einer Senkgrube unter einer der Schwellen versteckt, befördert das Wasser zur oberen Ebene zurück.

Oberhalb einer Trockenmauer aus Cotswold-Stein kommt es in einem Cottage-Gärtchen zu einem Aufstand an Blütenfarben: Schwertlilien, Fingerhut, Lupinen und Akelei drängen Steinbrech, Phlox, Sonnenröschen und Nelkenwurz *Geum* 'Mrs. Bradshaw' bis über die Mauer. Der Drahtzaun hinter den Blumen verschwindet unter Spalierobst und alten Brombeersorten. In einer Ecke dahinter steht das alte Fahrkartenhäuschen, das jetzt als Geräteschuppen dient; ein Gemüsegärtchen mit weiß gestrichenem Staketenzaun schließt sich seitlich daran an.

Damit die alte Bahnstation wirklich ganz authentisch wirkte, war es unerlässlich, alte Original-Gegenstände zu verwenden. Dowle arbeitete dabei eng mit zwei Vereinen der Dampfzug-Freunde zusammen: der Dean Forest Railway Society und der Gloucestershire & Warwickshire Railway Society. Beide renovieren seit Jahren alte Dampfzüge und Nebengleise, die in den 60er-Jahren ausrangiert wurden. Von diesen Vereinen konnte er klassische Requisiten ausleihen: die Milchkannen, die auf den frühmorgendlichen „Milchzug" warten; die alte Wartebank mit ihrem gusseisernen Untergestell mit den Initialen der Gloucestershire & Warwickshire-Linie; die viktorianischen Bahnhofslaternen mit Steigbügelhalterung; und vor allem den Fahrkartenschalter in Schokoladenbraun und Creme, den Farben der Dean Forest-Bahngesellschaft. Das Endergebnis ist ein kleiner Bahnhof, an dem wirklich die Zeit stillsteht. Der Garten wirkte so echt und rief solch bewegende Erinnerungen wach, dass er mehrere Besucher zu Tränen rührte.

Dennoch war es ein steiniger Weg bis zum Ziel. Da Bauten hier mit magerem Mörtel errichtet werden, um den Abbruch zu erleichtern, und da es während der Bauphase ungewöhnlich stark geregnet hatte, tat sich in der Stützmauer für den Bahnsteig ein Riss auf, der sich von Tag zu Tag vergrößerte. Glücklicherweise überstand die Mauer die Woche; tatsächlich verstärkte der Riss den Eindruck von Verlassenheit und Verfall! Und dann ließ ein Gabelstaplerführer bei der Demontage den Fahrkartenschalter fallen und verwandelte ihn in ein Selbstbaumöbel. Die bereits erwähnte Gesellschaft fand das gar nicht zum Lachen; man ließ das Häuschen in seinen ursprünglichen Zustand zurückversetzen und schickte eine gesalzene Rechnung.

**Unten:** Erlen, Fingerhut, Kuhblumen und Kuckucksnelke überwuchern die alte hölzerne Draisine auf den Schienen.

# Hundert Jahre Country Life

**Oben:** Lockige Drahtschafe bevölkern die farbenfrohe Wildblumenlandschaft, die von der Spezialistin Marney Hall angelegt wurde.

Ein schönes altes Anwesen in einer ländlichen Parklandschaft ist die Fantasiewelt, in der dieser Garten existiert, der das hundertjährige Jubiläum des Magazins *Country Life* zelebriert. Der Designer Rupert Golby holte sich schöpferischen Rat bei einer Reihe von Künstlern und Handwerkern beiderlei Geschlechts, um den Geist der Zeitschrift einzufangen, die seit hundert Jahren vortreffliche Beispiele für ländliche Architektur, schöne Künste, Gartengestaltung, Landwirtschaft, Tierwelt und Kunsthandwerk vorstellt und würdigt.

Im Mittelpunkt des geschützten, „versunkenen" Gartens befindet sich ein Becken in Form eines Vierpasses; gesägter Stein deckt den Brunnenrand ab. Das Zentrum ziert eine polierte Bronzefontäne von Simon Allison; hinter dem Wasservorhang, der von einer runden Glasplatte fällt, erhascht man einen Blick auf springende Bronzeforellen. Das Becken umgibt geharkter Kies mit einigen wenigen Ziergräsern, Selbstaussamern und Kriechpflanzen, darunter Binsenlilie (*Sisyrinchium striatum*) und Karvinskis Feinstrahl (*Erigeron karvinskianus*).

Auf drei Seiten stützen Ziegelmauern hoch gelegene Rabatten; Pflasterwege aus dem gleichen Material führen um sie herum. Hier dominieren Violett- und Blautöne, durch graues und graugrünes Blattwerk noch betont und durch die Lichttupfer verschiedener weißer Rosen aufgehellt. Blauer Rittersporn ragt vor dem rauchigen Laub der Purpurweide (*Salix purpurea*) 'Nancy Saunders' auf. Die

frappanten violetten Blütenstände des Goldlacks *Erisymum* 'Bowles' Mauve' stechen gegen silberdrahtigen Zickzackstrauch (*Corokia × virgata*) ab. Purpurblättrige, kirschrosa blühende *Rosa glauca* und *Allium aflatunense* 'Purple Sensation' fallen durch farbliche Harmonie und gegensätzliche Form auf. Lavendelhügel akzentuieren die Wege; ihr Aroma mischt sich mit dem betörenden Parfum der Königslilien und der weißen Strauchrosen. Auf Bänder blassvioletten Storchschnabels setzt Schlafmohn leuchtende Tupfen. Hellblaue Schwertlilien erheben sich über Wogen von Katzenminze *Nepeta* 'Six Hills Giant'. Fliederfarbene Nachtviolen (*Hesperis matronalis*) verschmelzen mit den Blattschleiern von Bronzefenchel in deutlichem Gegensatz zu dem kräftig gezeichneten Honigstrauch (*Melianthus major*) und den hoch aufragenden Dolden der tektonischen Engelwurz.

Neben der Fontäne wurden zwei weitere Schaustücke in Auftrag gegeben, um die Förderrolle des Magazins für moderne Kunst herauszustellen. Vorne, oberhalb der Pflanzung, sind zwei wunderbar gestaltete, von Schmetterlingsflügeln inspirierte Urnen des Bildhauers William Fawke platziert. Die irisierende Farbe der patinierten Bronze ist ein Kompliment an die Pflanzen im Hintergrund. In einer Nische in der Begrenzungsmauer sitzt eine transparente, lebensgroße Glasfigur, mundgeblasen von dem Künstler Johannes von Stumm. Sie erscheint unwirklich, beinahe geisterhaft, ein Eindruck, den der Kommentar

**Oben:** Mit Blick auf die Vergangenheit wurden in diesem Garten viele wieder verwertete Materialien eingesetzt, wie etwa die Pflastersteine und echte Tudorziegel. Ebenfalls kräftig unterstützt wurden Künstler und Handwerker der heutigen Zeit: Die Gussformen für die springenden Forellen in der herrlich originellen Fontäne wurden von echten Fischen abgenommen.

**Oben:** Kühl und schweigend sitzt die geisterhafte Glasfigur in ihrer Nische; umrankt wird sie von *Rosa* 'Albertine', *Clematis* 'Vyvyan Pennell' und einer Fülle von Stauden.

des Künstlers bestätigt: „Ich wollte ein Bild der Meditation, eine Figur, die nur sitzt und schaut ..."

Im Hintergrund führen Stufen aus Yorkstein auf ein prächtiges schmiedeeisernes Flügeltor zu, das ein barocker Ziergiebel mit dem Monogramm „CL" krönt; hierfür zeichnet der Kunstschmied Richard Quinnell verantwortlich. Putten aus Bleiguss sitzen auf den Torpfeilern aus Ziegeln und behauenem Cotswold-Stein; ihre antike Patina rührt von Jadeöl her.

Das Tor wird von zwei Pavillons flankiert, die im Stil von Hidcote exquisit aus Ziegeln und Stein gemauert sind; ihre Zeltdächer sind mit einer Dacheindeckung aus Cotswold-Steinen versehen. Der Architekt John Simpson stand dabei Rupert Golby zur Seite. Diese wie auch alle anderen Ziegel im Garten sind besonders interessant: Es sind echte, handgeformte Tudorsteine, die von einer eingestürzten Scheune geborgen wurden.

Wie ernst hier jedes Detail genommen wurde, wird in der Innenausstattung des äußeren Pavillons deutlich: Er ist als Studierzimmer eingerichtet, mit georgianischem Stuck von Ian Constantinides und *Trompe-l'Œil*-Deckengemälden von Simon Brady. Zwei Büchersäulen von Christopher Clark ergänzen die antike Möblierung, dazu Gemälde und kleine Skulpturen aus der Hiscox-Sammlung, unter ihnen Werke von Henry Moore, Walter Sickert, Barbara Hepworth und Mark Gertler. Den krönenden Abschluss bilden ein Porträt Edward Hudsons, des

Gründers von *Country Life*, und sein Original-Bürostuhl, den sein Zeitgenosse und Freund Sir Edwin Lutyens entwarf. Es erübrigt sich darauf hinzuweisen, dass der Pavillon mit einer Alarmanlage versehen war und die Kunstwerke des Nachts in einem großen Safe in dem zweiten Pavillon sicher untergebracht wurden.

Durch das schmiedeeiserne Tor zeigt sich ein zeitlos idyllischer Anblick. Hier grasen ungemein lebensechte Drahtschafe, von Rupert Till erschaffen, zufrieden auf einer saftigen Wildblumenwiese, die von der Ökologin und Designerin Marney Hall angelegt wurde. Dort finden sich Butterblumen, Margeriten, Primeln und Kuckucksnelken; im feuchten Boden bei der umgestürzten alten Eiche haben sich gelbe Wasserschwertlilien und Igelkolben angesiedelt.

Ein Schafunterstand vervollständigt die Szene hinter dem Pavillon. Die Dachdeckermeister Parkinson und Blackwell ließen das lange Stroh über ein Jahr in einer offenen Scheune wittern, bis es wirklich rustikal aussah – ein weiteres Exempel für das Augenmerk, das in diesem ausgezeichneten Beispiel kreativen Schaffens jedem winzigen Detail zukam.

**Oben:** Iris, Zierlauch, Rosen, Nachtviolen und leuchtend blaue Kornblumen ergeben ein wunderbares Bild.
**Links:** Diese Bronzeurne fängt die Zartheit von Schmetterlingsflügeln ein; umgeben ist sie von den jungen Trieben der Karden, Fingerhut und den Ranken des duftenden Geißblattes *Lonicera* x *americana*.

# Ein englischer Landhausgarten

**Oben:** Die Zikkurat-Form des geschnittenen Buchses wird durch den Eibengiebel noch betont. Höhe ist ein wichtiges Element der klassischen Staudenrabatte; die reizvollen Abstufungen lenken den Blick nach oben.

In diesem schlichten, harmonischen Garten verbindet sich der Eindruck von Weite mit einem wohltuenden Gefühl der Abgeschlossenheit. Die aus Italien stammende Arabella Lennox-Boyd gesteht, sie sei schon seit Beginn ihrer Designer-Karriere in den Englischen Garten verliebt; mit weichen englischen Rabatten und den klaren Linien der an klassische italienische Renaissancegärten erinnernden Architektur verquickt sie hier das Erbe beider Kulturen.

Der Grundriss ist trügerisch einfach. Eine leicht erhöhte L-förmige Terrasse überblickt eine tiefer gelegene, von Staudenrabatten umgebene und von hohen Eibenhecken umschlossene Fläche. Das Schema ließe sich in einem Reihenhausgarten ebenso gut verwirklichen wie als Teil eines großen Landsitzes.

Die Terrasse ist bewusst schlicht und offen gehalten; ihre Holzbalustrade ist in dem selben dunklen Olivgrün lackiert wie der schöne, offene Holzpavillon, dessen Lattendach mit Stoff ausgeschlagen ist. Die Idee rührt von einem alten Foto her, das die Mutter der Designerin in einem ähnlichen Pavillon oberhalb des Lago di

Como zeigt. Sämtliche Tischlerarbeiten wurden von Melvyn Heath aus Lancashire ausgeführt, einem Nachbarn von Lennox-Boyd; sie sind beispielhaft für das handwerkliche Können, das für die Qualität architektonischer wie ornamentaler Gartenelemente von so großer Bedeutung ist.

Die Pflasterziegel in hellstem Terrakotta sind in klassischem Blockverbund verlegt; sie sind das Verbindungsglied zwischen Terrasse, Stufen und Weg. Dieser führt um eine dreistufige Buchs-Zikkurat im Zentrum des Gartens und weiter bis zu der Eibenhecke, die zu einem klassischen Giebel auf zwei quadratischen Pfeilern getrimmt ist. Die Öffnung zwischen den Pfeilern bietet rechts und links unsichtbaren Zugang entweder zu einem weiteren Gartenteil oder einfach zu versteckter Geräteaufbewahrung.

**Links:** In diesem wohlproportionierten Garten sind verschwenderische Staudenrabatten mit geometrischen architektonischen Elementen kombiniert – einem achteckigen Pavillon, einem mächtigen Eibengiebel und in der Mitte einer Zikkurat aus geschnittenem Buchs.

Ausgewählte Sträucher bilden das Grundgerüst der tiefen Beete. Duftende Floribunda-Rosen – *Rosa* 'Schneewittchen' in frostigem Weiß und die perlweiße *Rosa* 'Margaret Merril' – reflektieren die lichten Flecken von panaschiertem Hartriegel und Schmetterlingsflieder *Buddleja davidii* 'Harlequin'. Die Stauden sind in gestaffelten Gruppen gepflanzt; das funkelnde Violett des Zierlauchs *Allium* 'Purple Sensation' und die fliederfarbenen Blütenquasten der Wiesenraute *Thalictrum aquilegiifolium* kontrastieren mit Lichter sprühenden weißen Lupinen und Nachtviolen. Noch interessanter wird die Komposition durch das dunkle Kastanienrot der Essigrose *Rosa gallica* 'Tuscany Superb' und die auffallenden Wuchsformen von Dornigem Bärenklau (*Acanthus spinosus*) und rosigvioletter Spanischer Artischocke.

Ein Großteil der Pflanzen stammt von Gartenbauer John Metcalf, der mit dieser vortrefflichen Demonstration, wie sich ein Schaugarten „natürlicher" bepflanzen lässt, unter den Preisrichtern für einigen Aufruhr sorgte. Hier stehen Pflanzen in Knospe, andere sind voll erblüht und wieder andere im Vergehen. Die Tendenz bei Chelsea ist, alles in Bestform zu präsentieren, in voller Blüte, selbst wenn Pflanzen vorgetrieben oder zurückgehalten werden müssen, um pünktlich ihre Vorstellung zu geben. Metcalf meint, man tue den Stauden Unrecht, wenn man sie nur um ihrer Blüten willen schätze: „Wir sollten uns auch an ihren Blättern erfreuen, die schließlich sechs oder sieben Monate da sind, während die Blütezeit eventuell nur drei bis vier Wochen dauert."

Hohe, dunkle Eibenhecken setzen die Rabatten in den perfekten Rahmen. Doch diese waren eine der größten Herausforderungen des Gartens. Unmöglich wäre es gewesen, „Instant"-Hecken aus natürlich gewachsener Eibe zu schaffen. Wieder kam John Metcalf zu Hilfe, der in der Herstellung von Fernsehkulissen erfahren ist. Aus Bauholz wurden Rahmen nach den genauen Maßen der Hecke angefertigt und mit feinmaschigem Hühnerdraht bespannt. Dann durfte einer von Metcalfs Kollegen zwei Wochen lang Tausende Zweiglein von großen Eibenhecken schneiden und damit mühselig den Draht spicken. Darauf wurden die „Hecken" mit einem Konservierungsmittel eingesprüht und zum Ausstellungsgelände transportiert. Man fürchtete, die ganze Sache könne langsam braun werden, doch abgesehen von einer gelegentlich nötigen Farbauffrischung war die Hecke perfekt, Ansatzstellen waren nicht zu sehen!

**Oben:** Das rosige Violett von Zierlauch *Allium aflatunense* 'Purple Sensation', Felsensteinkresse *Aethionema* 'Warley Rose' und Aschgrauem Storchschnabel *Geranium cinereum* 'Ballerina' muntert die Rabatte sichtbar auf. **Gegenüber:** Von dem höher gelegenen Holzpavillon lässt sich die ganze Schönheit der reichen Rabatten bewundern.

*Acanthus spinosus* (Dorniger Bärenklau)
*Aethionema* 'Warley Rose' (Steintäschel)
*Alchemilla mollis* (Frauenmantel)
*Allium aflatunense* (Zierlauch)
*Allium aflatunense* 'Purple Sensation'
*Anchusa azurea* 'Loddon Royalist' (Italienische Ochsenzunge)
*Anthemis punctata* subsp. *cupaniana* (Hundskamille)
*Artemisia* 'Powis Castle' (Edelraute)
*Aster tongolensis* 'Lavender Star' (Frühlingsaster)
*Campanula persicifolia* 'Hampstead White' (Pfirsichblättrige Glockenblume)
*Chaerophyllum hirsutum* 'Roseum' (Bergkerbel)
*Cornus alba* 'Elegantissima' (Weißer od. Tatarischer Hartriegel)
*Cynara cardunculus* (Spanische Artischocke, Kardy)
*Delphinium* 'Blue Fountains' (Rittersporn)
*Dianthus* 'Maggie' (Nelke)
*Dictamnus albus* (Diptam)
*Epimedium* × *rubrum* (Elfenblume)
*Filipendula rubra* 'Venusta Magnifica' (Mädesüß)
*Foeniculum vulgare* 'Giant Bronze' (Bronzefenchel)
*Galactites tomentosa* (Milchfleck-Distel)
*Geranium cinereum* 'Ballerina' (Aschgrauer Storchschnabel)
*Geranium* 'Johnson's Blue'
*Geranium pratense* 'Mrs. Kendall Clark' (Wiesenstorchschnabel)
*Geranium psilostemon*
*Helianthemum* 'The Bride' (Sonnenröschen)
*Helichrysum splendidum* (Strohblume)
*Heuchera* 'Green Ivory' (Purpurglöckchen)
*Heuchera* 'Palace Purple'
*Hosta* 'Francee' (Funkie)
*Lamium maculatum* 'Beacon Silver' (Gefleckte Taubnessel)
*Lavandula angustifolia* 'Hidcote' (syn. *L. officinalis*, Lavendel)
*Ligularia* 'The Rocket' (Kreuzkraut)
*Lychnis coronaria* Alba-Gruppe (Kranz-Lichtnelke)
*Miscanthus tinctorius* 'Variegatus' (Silbergras)
*Nepeta racemosa* 'Walker's Low' (Katzenminze)
*Papaver orientale* 'Perry's White' (Türkenmohn)
*Polemonium caeruleum* var. *album* (Jakobsleiter)
*Rhodiola rosea* (Rosenwurz)
*Rosa* 'Boule de Neige'; *Rosa* 'Schneewittchen'; *Rosa* 'Margaret Merril'; *Rosa* 'New Dawn'; *Rosa* 'Seagull'; *Rosa* 'Tuscany Superb'; *Rosa* 'Weiße Meidiland'
*Salvia nemorosa* 'Ostfriesland' (Hainsalbei); *Salvia nemorosa* 'Lubecca'
*Salvia officinalis Purpurascens* (Purpursalbei)
*Salvia pratensis* 'Indigo' (Wiesensalbei)
*Salvia* × *sylvestris* 'Blauhügel'
*Salvia* × *sylvestris* 'Rose Queen'
*Santolina chamaecyparissus* (Zypressen-Heiligenkraut)
*Stachys byzantina* 'Silver Carpet' (Wollziest)
*Thalictrum aquilegiifolium* (Akeleiblättrige Wiesenraute)
*Verbascum chaixii* 'Mont Blanc' (Österreichische Königskerze)
*Verbascum chaixii* 'Pink Domino'
*Veronica* 'Shirley Blue' (Ehrenpreis)
*Viola cornuta* Alba-Gruppe (Hornveilchen)

# Der vergessene Pavillon

**Oben:** Mit seiner meisterhaften subtilen Bepflanzung errang dieser Garten die begehrte Auszeichnung als Best in Show. **Gegenüber:** Ein gotischer Torbogen, dessen Schlussstein das Familienwappen der Van Hages trägt, rahmt den Blick auf den Pavillon.

Es war eine gewaltige Aufgabe, die gotischen Bögen aus Cotswold-Stein und Klinkern zu errichten und das alte Eisentor von mehreren Tonnen in die Angeln zu heben. Doch der junge Designer John Van Hage wollte die Illusion eines vergessenen Gartens schaffen; durch das Tor eröffnet sich der Blick auf den üppig zugewachsenen Wassergarten, mit einem Holzpavillon im Hintergrund.

Der „vergessene" Garten war ein bei den Viktorianern beliebtes Thema: Ein Eckchen eines wesentlich größeren, oft formalen Gartens als Schauplatz einer „Folie", oft mit einem unbändigen, verwilderten Einschlag. Ergeben hatte es sich aus der weit älteren Tradition von „Folies" und Grotten, die von Bildungsreisenden aus Europa mitgebracht wurde und sich in Gärten wie Goldney bei Bristol und den Parks von Wimpole in Cambridgeshire und Hagley Hall in Worcestershire manifestiert, ein jeder mit einer eigenen „gotischen Ruine".

Hier lädt das halb geöffnete Tor zum Eintreten. Zu beiden Seiten kontrastieren die großen Herzblätter der Funkien mit den fedrigen Blütenständen der Astilben. Besonders auffällig ist die riesige bereifte Blaublattfunkie (*Hosta sieboldiana*) vor den weißen Straußenfedern von *Astilbe* 'Deutschland'.

Hinter dem Tor folgt man einem Bach, der sich über glatte Steine und Kiesel durch den Garten windet. An beiden Ufern ist das kontrastreiche Blattwerk von feuchtigkeitsliebenden und Sumpfpflanzen effektvoll kombiniert; die subtile Palette reicht von Gelbgrün über buntscheckiges und sattes Grün bis hin zu Blaugrüntönen. Die Steife Segge (*Carex elata*) 'Aurea' setzt sich als leuchtender Fleck gegen dunkle Funkienhorste und die tief eingeschnittenen Blätter des Zierrhabarbers (*Rheum palmatum*) 'Atrosanguineum' ab, dessen unübersehbarer korallenrosa Blütenstand den Frühsommer ziert. Vor dem schmalen Laub von Schwertlilien und Gräsern zieht sich ein Band aus reinweißer Astilbe 'Deutschland' durch den Mittelgrund und lenkt so den Blick auf den offenen Pavillon. Eine Glyzine berankt sein steiles, in angenehm dunklem Oliv gehaltenes Lattendach, das sich aus der Pflanzenfülle erhebt.

Die seitliche Grenze des Gartens verliert sich im tiefen Schatten einer immergrünen Komposition großer Sträucher, die von Rhododendren mit scharlachroten Blüten (*R.* 'Elisabeth', *R. arboreum*, *R.* 'Mrs. G.W. Leak') und bronze-violettem Fächerahorn (*Acer palmatum* 'Atropurpureum') aufgelockert wird. Mehrere große Solitärbäume, wie Silberbirken und immergrüne Eiche, vervollständigen den Eindruck von Alter und zeitloser Beständigkeit.

# Ein klassischer Garten für Harpers & Queen

**Oben:** Das Parterre hinter den verflochtenen Linden ist eine formale, geometrische Anordnung von Kieswegen und dreieckigen Beeten.
**Gegenüber:** Die glatte Wasseroberfläche reflektiert die Vielfalt der Kletterrosen, deren Füße von Frauenmantel (*Alchemilla mollis*) umspielt werden, und dicht gewachsene Sibirische Iris (*Iris sibirica*).

Die Abstammung dieses harmonischen klassizistischen Gartens lässt sich zu den italienischen Gärten der Hochrenaissance zurückverfolgen, deren Architekten vom Credo des alten Roms durchdrungen waren: dem Glauben, dass in Formalität und Symmetrie Schönheit liege; einem hoch entwickelten Sinn für Proportion; einer Vorliebe für Skulptur. Nur wenige dieser Gärten existieren noch – die meisten sind durch Radierungen bekannt –, und Mark Anthony Walker beschreibt seinen Garten als eine formale Anlage in der französischen Tradition des 17. Jahrhunderts. Einer der führenden Vertreter dieser Tradition war André Le Nôtre, dessen brillanter Erfindungsreichtum, Sinn für Formalität und außergewöhnliche Präzision die Gärten von Versailles zum Erlebnis machten.

Trotz seiner auf den ersten Blick überwältigenden Symmetrie umfasste Versailles ursprünglich eine komplexe Folge ziselierter Parterres und *bosquets*, von hohen Hecken gegen den Wald abgegrenzte Flächen, die man als *salle de verdure* bezeichnete. Jeder dieser „grünen Räume" hatte einen eigenen Charakter und hielt für König Ludwig XIV. und seine Gäste eine Überraschung bereit – eine Statue, einen Springbrunnen, einen Pavillon. Die Gärten von Versailles waren damals Schauplatz prächtiger Festlichkeiten mit Konzerten, Bällen und Feuerwerk. Unser Garten folgt der Tradition des *bosquet*; eine dunkle schützende, zwei Meter hohe Eibenhecke grenzt ihn gegen den natürlichen Wald ab. Innerhalb dieser grünen Wände wird deutlich, wie gekonnt Walker ein klassisches Thema neu interpretiert, um es einem relativ kleinen modernen Garten anzupassen. Ein wichtiges Element sind dabei die weichen, informellen Pflanzungen, mit denen er die eher kantige formale Anlage belebt.

Drei grundlegende Elemente teilen den äußerst tektonischen-geometrischen Grundriss in parallele Abschnitte. Der erste ist ein Parterre, das ein Stern aus Kieswegen in acht spitz zulaufende, buchsgesäumte Segmente teilt. Vier der Beete sind mit einer Mischung von Purpursalbei und violettem Zierlauch bepflanzt; im Kontrast dazu stehen vier aromatische Kompositionen aus silbrigem Zypressen-Heiligenkraut (*Santolina chamaecyparissus*) und den amethystfarben befiederten Blüten des Schopflavendels (*Lavandula stoechas*).

Rechts davon erstreckt sich eine gewölbte schiefergraue Pergola; süß duftende blaue Glyzinentrauben und sommerblühender Sternjasmin (*Trachelospermum jasminoides*) mengen sich hier unter die kühlen weißen Blüten von *Rosa* 'Schneewittchen' und das blasse Gelb von *Rosa* 'Leverkusen'. Zu beiden Seiten des Weges fußt die Pergola in einer dichten Staudenpflanzung mit Frauenmantel (*Alchemilla mollis*), rot-weißer, gefüllt blühender Akelei *Aquilegia* 'Nora Barlow' und den Storchschnabelsorten *Geranium* 'Johnson's Blue' und *G. phaeum* 'Album'.

Die Pergola spiegelt sich in ihrer ganzen Länge in dem glatten Wasser eines schmalen Kanals, eines weiteren beliebten Attributs des klassischen französischen Gartens. Der Kanal, dritter Hauptbestandteil des Gartens, ist eine Ruhezone. Ein Rasenweg verläuft neben ihm; von hier tun sich verlockende Blicke auf durch die Bögen der Pergola, über das Parterre bis zu der Fülle der Staudenrabatte an der gegenüberliegenden Seite.

Diese Rabatte ist in einer Palette subtiler Farben bepflanzt; hier finden sich viele der Pflanzen unter der Pergola wieder. Das Grundgerüst bilden Sträucher, wie Gemeiner Schneeball (*Viburnum opulus*) und Hasel (*Corylus avellana*). Fingerhut und Lupinen sorgen für Höhe, und Eibenspiralen ziehen verdutzte Blicke auf sich. Walkers Devise ist: „Es gibt kein Zuviel an vertikalen Stauden – sie verleihen einer Rabatte Perspektive und Rhythmus."

Im Vordergrund erhebt sich eine schlanke Reihe verflochtener Linden, die er aus Italien importierte. Ihre geraden Stämme und die weiche Unterseite ihres Blätterdaches rahmen den Blick über das Parterre. Die Pfade verjüngen sich unmerklich und verlängern so die Perspektive; sie lenken das Auge auf drei Anziehungspunkte: Zwei antike Steinurnen und eine hoch aufragende Statue des Merkur sind in Nischen in der Eibenhecke gesetzt.

Dieser Garten verkörpert nicht nur viele der klassischen Ideale – Ausgewogenheit, Harmonie, innere Geschlossenheit und Reinheit der Form –, er ist auch ein „Klassiker" im Sinne der Definition des Wörterbuches: „vollkommen, Maßstäbe setzend, zeitlos". Gärten von solcher Qualität, ob traditionell oder modern, feiern die neue Renaissance von Architektur und Design, welche die Vergangenheit respektiert und auf ihrer Grundlage niveauvolle Gärtner schafft, die von zukünftigen Generationen applaudiert und bewundert wird.

**Gegenüber:** Rosen, Jasmin und Glyzine beranken die Pergola. In Bodennähe gesellen sich die rot-weißen Blüten von gefüllt blühender Akelei *Aquilegia* 'Nora Barlow', Schopflavendel (*Lavandula stoechas*), Frauenmantel (*Alchemilla mollis*) und die zartrosa Blüten der Miniaturrose 'Happy Thought' hinzu.
**Unten:** Bereits seit Römerzeiten schmücken Statuen Gärten; in diesem Parterre bildet die Figur des Merkur den Blickfang.

# Die Designer

**Geoff Ace** lehrt seit 1973 am Merrist Wood College Landschaftsbau und ist seit 1987 Leiter der Abteilung für Gartendesign. Er war an den meisten Gärten beteiligt, die das College für die Chelsea Flower Show entwarf. Sein Credo ist der kühne Einsatz von Pflanzen, die den Bedingungen angepasst sind; seine Studenten bestärkt er darin, die Wirkung von Pflanzen durch geeignete Partner zu verstärken und so subtile, angenehme Effekte zu erzielen. Viele seiner Diplomstudenten sind inzwischen bekannte Gartendesigner.

*1990 Der Seemannsgarten (**S. 78**)
Ausführung: Studenten des Merrist Wood College, Worplesdon, Guildford, Surrey GU3 3PE
Tel.: +44 -1483 884000 Fax: +44 -1483 884001

**Michael Balston** studierte Architektur in Cambridge und danach Landschaftsarchitektur. Seit 1983 ist er in Wiltshire selbstständig tätig. Neben ländlichen Gärten, kleinen Stadtgärten und Dachgärten entwerfen Balston & Co. private Großprojekte in Großbritannien und dem Ausland, oft in historisch oder ökologisch heikler Lage. Innerstädtische Projekte sind u.a. Firmengelände und öffentliche Anlagen in London, Bristol und Paris. Die Firma hat sich außerdem auf Ausstellungen einen Namen gemacht, mit Auszeichnungen in Chelsea, Japan, Deutschland, Belgien u.a. Michael Balston ist Autor des Buches *The Well Furnished Garden*; er schreibt für mehrere Magazine und Zeitungen.
Balston & Company, Long Barn, Patney, Devizes, Wiltshire SN10 3RB
Tel.: +44 - 1380 848181 Fax: +44 -1380 848189
Email: admin@balston.co.uk

*1999 Best Garden in Show: Garten der Reflexion (**S. 60**)
Sponsor: *Daily Telegraph*
Ausführung: Hillier Landscapes, Ampfield House, Ampfield, Romsey, Hampshire SO51 9PA
Tel.: +44 -1794 368733
Email: hillierlandscapes@bt-internet.com

Mathew Bell siehe Nuala Hancock

**Christopher Bradley-Hole** arbeitete als diplomierter Architekt an mehreren renommierten Projekten, bevor er aufgrund seiner Faszination an Pflanzen und Gärten ein weiterführendes Studium der Erhaltung historischer Gärten und Landschaften aufnahm. Seine Designs reichen von kleinen Innenhöfen bis hin zu ländlichen Gefilden in Großbritannien wie auch in Übersee. Seine Arbeiten wurden schon häufig in Presse und Fernsehen vorgestellt, und er war Autor regelmäßiger Design-Kolumnen im *Daily Telegraph* und in *House & Garden* und hat Artikel in einer Reihe von Garten- und Design-Zeitschriften veröffentlicht. Bradley-Hole lehrt an den Royal Botanic Gardens in Kew Landschaftsdesign für Diplomstudenten und ist Autor eines Buches über modernes Gartendesign, *The Minimalist Garden.*
Christopher Bradley-Hole, Studio 10, Sutton Lane North, London W4 4LD
Tel.: +44 (20)8742 1867 Fax: +44 (20)8995 8005

*1997 Best Garden in Show: Der Römische Garten (**S. 110**)
Sponsor: *Daily Telegraph*/American Express
Ausführung: Waterers Landscape Ltd., Nursery Court, London Road, Windlesham, Surrey GU20 6LQ
Tel.: +44 - 1344 628081

**George Carter** studierte Bildhauerei an der Universität von Newcastle upon Tyne. Er ist als Gartendesigner in Norfolk niedergelassen, wo er Großprojekte für Kunden in Großbritannien und den USA entwirft, zuletzt u.a. Hayne Manor/Devon, Tilbury Hall/Suffolk, Holkham Hall/Norfolk, Hog Hill Farm/New Hampshire und Strawberry Ridge/Connecticut. Des Weiteren ist er in Schottland in mehreren Projekten des National Trust und in mehreren Londoner Gärten involviert. George Carter ist mehrfacher Buchautor, u.a. von *Kräuter: Mein wunderbarer Garten, Kübelpflanzen: Mein wunderbarer Garten, Living with Plants* und *London Gardens.* Seine Artikel über Gartendesign erscheinen in *Country Life, The Times, Daily Telegraph, Country Living, Country Homes and Interiors* und vielen weiteren Magazinen.
George Carter, Silverstone Farm, North Elmham, Norfolk NR20 5EX
Tel.: +44 - 1362 668130 Fax: +44 (0)1362 668141
Email: grcarter@easynet.co.uk

*1999 Skulptur im Garten (**S. 118**)
Sponsor: Christie, Manson & Woods Ltd.
Ausführung: Clifton Nurseries, 5a Clifton Villas, London W9 2PH
Tel. +44 (20)7289 6851

**Sir Terence Conran** gehört zu den bekanntesten Designern der Welt. Als Gründer von Habitat machte er gutes modernes Design dem allgemeinen Publikum zugänglich. 1973 eröffnete er in London den Conran Shop; heute existieren Filialen in Europa, den USA und Japan. Als ebenso passionierter Kenner von Cuisine und Gärten besitzt er eine Reihe von Restaurants in London und eines in Paris; einige werden aus seinem eigenen Garten bei Barton Court/Berkshire mit Gemüse beliefert. Er ist Autor unzähliger Designbücher; 1998 verfasste er gemeinsam mit Dan Pearson (s. S. 154) das Buch *Garten-Ideen – Garten-Design.* 1995 entwarf Sir Terence in einem Gemeinschaftsprojekt mit David Stevens (s. S. 154) einen „Siegesgarten", der ihm seine erste Goldmedaille in Chelsea eintrug.

*1999 Der Dachgarten des Küchenchefs (**S. 86**)
Sponsoren: *Evening Standard/Laurent Perrier*
Ausführung: Michael D Chewter, 21 Lower Green Road, Pembury, near Tunbridge Wells, Kent TN2 4DZ
Tel./Fax: +44 -1892 822246

**Paul Cooper** unterrichtete ehemals Kunst und Design; er ist ein erfolgreicher Bildhauer. Seit dem Beginn seiner Karriere als Gartendesigner 1984 hat er in Chelsea mehrere Medaillen und eine Auszeichnung als Best in Show gewonnen. Seine innovativen und manchmal umstrittenen Entwürfe, die durch unkonventionelle Materialien und Theatralik gekennzeichnet sind, haben ihm viele Aufträge für Privatgärten, Ausstellungen und Fernsehen eingebracht. Er hat dem historischen Parnham House einen modernen Garten hinzugefügt, für das Ford-Unternehmen in der Fernseh-Sendung *Gardeners' World Live* einen Garten aus Autoteilen geschaffen und für die BBC-Serie *Gardens by Design* einen „Instant-Garten" erfunden. Er verfasst Beiträge für TV- und Radioprogramme und spricht häufig als geladener Redner an Hochschulen und bei Konferenzen.
Paul Cooper, Ty Bryn, Old Radnor, Presteigne, Powys LD8 2RN, Wales
Tel./Fax: +44 - 1544 230374

*1992 Best Garden in Show: Grau zu Grün (**S. 108**)
Sponsor: *Pan Britannica Industries*
Ausführung: Studenten des Pershore College of Horticulture, Avonbank, Pershore, WR10 3JP
Tel.: +44 -1386 552443

**Julian Dowle** entwirft seit 35 Jahren Gärten; seine Arbeiten reichen von winzigen japanischen Innenhöfen in London bis zur kompletten Neuanlage eines Landsitzes in Oxfordshire, von der Gestaltung eines ganzen Dorfes in Nordirland bis zu dem Entwurf eines gewaltigen Wasserfalls für ein Hotel in Belgien. Außerdem arbeitet er an einer Reihe von Projekten in Kalifornien. Seine Firma entwirft moderne und historische Gärten, Schaugärten, stellt auf Ausstellungen aus und verwaltet Ländereien. Seit seinem ersten Chelsea-Garten 1970 hat Dowle viele Medaillen gewonnen, davon neun in Gold und eine Auszeichnung als Best in Show. Seine Tätigkeit als Preisrichter und Berater führender Ausstellungen, wie der Ellerslie Flower Show in Neuseeland und der Internationalen Blumen- und Gartenschau in Melbourne/Australien ist inzwischen ein wichtiger Teil seiner Arbeit; Julian Dowle ist außerdem als Redner und Rundfunk- und Fernsehpersönlichkeit geschätzt.
The Julian Dowle Partnership, The Old Malt House, High Street, Newent, Gloucestershire GL18 1AY
Tel.: +44 - 1531 820512 Fax: +44 (0)1531 822421
Email: enquiries@juliandowle.co.uk

*1995 Ein japanischer Teegarten (mit Koji Ninomiya) (**S. 56**)
Sponsor: Honda UK
Ausführung: The Julian Dowle Partnership, unterstützt von Action Research
*1994 Das Gärtchen an der Bahnstation (**S. 134**)
Sponsor: *Sunday Express*
Ausführung: The Julian Dowle Partnership

**Jane Fearnley-Whittingstall** hat mit ihren Gartenentwürfen, Büchern und Fernsehauftritten internationale Reputation erlangt. In ihrer Arbeit löst sie die Herausforderungen der Gartengestaltung mit gesundem Menschenverstand und gleichzeitig einem romantischen Gespür für Stil und Farbe in bester englischer Tradition. Ihre Schaugärten in Chelsea haben ihr Goldmedaillen und renommierte Aufträge in Großbritannien und Übersee eingebracht. Sie hat eine Reihe von Büchern geschrieben, darunter *Rose Gardens*, *Ivies*, *Peonies – the Imperial Flower*, *Jane Fearnley-Whittingstalls Garten-Handbuch* und *Garden Plants Made Easy*.
Jane Fearnley-Whittingstall, Merlin Haven House, Wotton-under-Edge, Gloucestershire GL12 7BA
Tel.: +44 -1453 843228 Fax: +44 -1453 521433
Email: j fearnley-whittingstall@msn.com

*1993 Ein Hoch auf Gertrude Jekyll (**S. 72**)
Sponsor: *Country Living* und Kelways Nurseries
Ausführung: Andrew Neville

**Charles Funke** sammelte seine ersten Erfahrungen in den Royal Botanic Gardens in Kew und wechselte dann zum Bodnant Garden in Nordwales. Nach seinem Militärdienst trat er in das bekannte Gartenbauunternehmen Hilliers of Winchester ein. Mit Anfang 20 übernahm er 1950 auf Anfrage des BBC eine wöchentliche Rundfunksendung. Seitdem ist er zu einem gefragten Gartendesigner geworden, der an der Entwicklung vieler bedeutender Landgüter beteiligt ist, von London bis zum Mittleren Osten. 1987 beauftragte Seine Hoheit Scheich Zayed bin Sultan Al Nahyan, Präsident der Vereinigten Arabischen Emirate, Charles Funke mit dem Entwurf der Anlage von Tittenhurst Park bei Ascot in Berkshire. Er entwarf eine Reihe von Schaugärten für Scheich Zayed und gewann 1998 zum ersten Mal Gold in Chelsea.
Charles Funke Associates, 5 Mill Pool House, Mill Lane, Godalming, Surrey GU7 1EY
Tel.: +44 -1483 426890

*1999 Der Garten des Goldenen Buches (**S. 18**)
Sponsor: Seine Hoheit Scheich Zayed bin Sultan Al-Nahyan
Ausführung: Landmark Design and Build Ltd., Holloway Hill, Chertsey, Surrey KT16 0AE
Tel.: +44 (0)1932 571477

**Rupert Golby** erhielt seine Ausbildung in den Gärten der Royal Horticultural Society in Wisley und den Royal Botanic Gardens in Kew; Berufserfahrung sammelte er in Ninfa bei Rom und unter Rosemary Verey in Gloucestershire. 1989 machte er sich als Gartendesigner selbstständig. Seine Arbeit betrifft hauptsächlich private Landsitze in England, obwohl sie ihn auch nach Österreich und Schweden führt. 1999 gewann er die Ausschreibung von English Heritage, den Garten von Osborne House auf der Isle of Wight neu zu gestalten. Rupert Golby ist als Redner beliebt und schreibt häufig für *Country Life* und *Gardens Illustrated*; er ist der Autor von *The Container Garden* und *The Well Planned Garden*.
Rupert Golby, South View, Cross Hill Road, Adderbury West, Banbury, Oxfordshire OX17 3EG
Tel.: +44 (0)1295 810320

*1997 Hundert Jahre Country Life (**S. 138**)
Sponsor: *Country Life* und Hiscox Insurance
Ausführung: Pantiles Landscapes Ltd., Almners Road, Lyne, Chertsey, Surrey KT16 0BJ
Tel.: +44 (0)1932 872195
*1995 Ein dekorativer Küchengarten (**S. 80**)
Sponsor: *Country Life*
Ausführung: SHAW Landscapes, Station Road, Cramlington, Northumberland NE23 8BJ
Tel.: +44 - 1670 730643

**Bunny Guinness** leitet ein Landschaftsarchitekturbüro, das sehr unterschiedliche Privatgärten und öffentliche Anlagen entwirft, von winzigen Innenstadtgärten bis hin zu großen Landschaften wie Stapleford Park in Leicestershire und anderen großen Landgütern. Mit ihren Entwürfen, bei denen sie über Spaß und Fantasie nicht das kleinste Detail aus dem Auge verliert, hat sie in Chelsea fünf Goldmedaillen gewonnen. Bunny Guinness ist Autorin zweier Bücher, *Der Familien-Garten* und *Garden Transformations*, und hat zu einer Reihe von Radio- und TV-Programmen beigetragen, darunter *Woman's Hour* und *Gardeners' Question Time* im BBC, Gardeners' Gardens auf Channel 4 und Better Gardens auf Granada.
Bunny Guinness, Sibberton Lodge, Thorhaugh, Peterborough PE8 6NH
Tel.: +44 - 1780 782518

*1999 Der Portmeirion-Garten (**S. 98**)
Ausführung: John Courton, Church Farm House, Langtoft, Peterborough PE6 9LP
Tel./Fax: +44 - 1778 343476
Tim Harwood, 1 Irnham Road, Corby Glen, Grantham, Lincs NG33 4NB
Tel.: +44 - 1476 550436
*1998 Ein Garten für den Kräuterkundigen (**S. 8**)
Ausführung: English Limestone Products, 1a Wellington Lane, Stamford, Lincs PE9 1QB
Tel./Fax: +44 - 1780 764299
*1996 Ein paradiesischer Fleck (**S. 46**)
Ausführung: John Courton (Adresse s.o.) und Peter Farrell (ehemals Mill Developments), 49 Main Street, Woodnewton, Peterborough PE8 5EB
Tel.: +44 - 1780 470066
*1995 Der Dichtergarten
Ausführung: Mill Developments
*1994 Ein Garten für Kinder (**S. 128**)
Ausführung: Mill Developments
Alle gesponsert von Wyevale Garden Centres

**Marney Hall**, Ökologin und Umwelt-Designerin, hat sich als Naturwissenschaftlerin auf die Erhaltung von Schmetterlingsschutzgebieten spezialisiert. 1989 gründete sie ihre eigene Firma, hat aber immer noch Kontakte zur Schmetterlingsforschung. Ihr Schwerpunkt sind die Anlage und Wiederherstellung natürlicher Lebensräume; zu ihren Klienten zählen die Royal Society for the Protection of Birds und die Royal Botanic Gardens in Kew, und sie hat Privatgärten in Großbritannien, Frankreich und den USA entworfen. Ihr Können auf dem Gebiet der Wildblumenpflanzung kam schon in mehreren mit Gold ausgezeichneten Gärten anderer Designer zum Einsatz und hat ihr selbst 1998 Gold eingebracht. 1999 gewann ihr Entwurf eines Englischen Gartens ein Best in Show auf dem Maymount Flower Festival in Richmond/Virginia. Sie veröffentlicht regelmäßig in britischen Zeitungen und Magazinen und tritt in Großbritannien und den USA in Funk und Fernsehen auf.
The Marney Hall Consultancy, Cromwell Cottage, 2 Meadow Lane, St Ives, Cambridge PE17 4JG
Tel./Fax: +44 - 1480 497309

*1998 Der Garten des Steinbrechers (**S. 122**)
Sponsor: Butterfly Conservation
Ausführung: The Very Interesting Landscape Company, Cooper House, 2 Michael Road, London SW6 2AD
Tel.: +44 - 1926 313465

**Nuala Hancock** und **Mathew Bell** lernten sich während ihres Studiums am Capel Manor Horticultural College kennen; beide arbeiten selbstständig, übernehmen aber auch gemeinsam Projekte.
**Nuala Hancock** unterrichtete Französisch, Kunst und Design, bevor sie 1992 zu Gartendesign wechselte. Preisträgerin des Capel Manor-Kurses in Beetgestaltung und Design 1993, gewann sie im folgenden Jahr gemeinsam mit Mathew Bell die Ausschreibung der Gestaltung des Chelsea-Gartens für Zeneca Ltd. Seitdem ist Nuala Hancock mit Aufträgen in und um London beschäftigt. Gegenwärtig schreibt und lehrt sie Garten- und Beetdesign.
**Mathew Bell** ist ausgebildeter Grafiker und war bereits als Illustrator erfolgreich, was seiner neuen Berufung als Gartendesigner sehr zustatten kam. Er ist Mitglied der Society of Garden Designers und hat vielerlei Gärten für private und kommerzielle Klienten entworfen.
Nuala Hancock, 6 Chestnut Avenue, London N8 8NY
Tel.: +44 (20) 8340 8169
Mathew Bell, 22 Woodside Road, London N22 5HU
Tel.: +44 (020) 8881 8329

*1994 Der Alchemisten-Garten (**S. 42**)
Sponsor: Zeneca Ltd. (ICI Garden Products)
Ausführung: Studenten des Capel Manor Horticultural College, Bullsmoor Lane, Enfield, Middlesex EN1 4RQ
Tel.: +44 (20) 8366 4442

Designer und Illustrator **Peter Hogan** verfügt über mehr als zehn Jahre Erfahrung in der Organisation von Gärten für Chelsea und andere Schauen. 1991 beauftragte er für den *Daily Express* John Van Hage mit dem Entwurf des „Vergessenen Pavillons" (**S. 146**). 1994 führte sein Konzept einer verlassenen Bahnstation mit Garten zu dem mit Gold ausgezeichneten „Eisenbahn-Garten" (**S. 134**). Im folgenden Jahr entwarf er den „Garten des Schleusenwärters" (**S. 26**), den Frank Hardy mit Studenten des Pershore College baute. Seit 1995 hat Peter Hogan gemeinsam mit anderen Gartendesignern fünf Medaillenträger konzipiert, darunter zwei Gold. Er hat für den *Daily Express* und den *Sunday Express* insgesamt vierzehn Chelsea-Gärten angelegt, von denen fünf Gold erlangten.
Peter Hogan, 10 Bryanston Avenue, Whitton, Twickenham, Middlesex TW2 6HP
Tel.: +44 (20) 8894 6170

*1995 Der Garten des Schleusenwärters (mit Frank Hardy) (**S. 26**)
Sponsor: *Sunday Express*
Ausführung: Studenten des Pershore College of Horticulture, Avonbank, Pershore, WR10 3JP
Tel.: +44 - 1386 552443

**Douglas Knight** entwarf seinen ersten Chelsea-Garten 1969. In den folgenden dreißig Jahren gewann er neun Goldmedaillen in Chelsea; seine Arbeit mit Fels- und Wassergärten führt ihn in jeden Winkel der Britischen Inseln. Seine Firma ist günstig gelegen für regelmäßige Trips nach Nordwales, dem Lake District und Schottland, wo er sich von Wasserfällen, Bächen und Bergen inspirieren lässt. Seine Arbeiten wurden in einer Reihe von Magazinen vorgestellt, darunter *Country Life* und *Ideal Home* in Großbritannien und Horticulture in den USA. Sein bisher spannendster Auftrag ist der Entwurf einer Serie öffentlicher Gärten auf einem Berg bei Kuala Lumpur für die Malaysische Regierung.
Douglas G Knight, Freshfield Nurseries, 44 West Lane, Formby, Merseyside L37 7BB
Tel./Fax: +44 - 1704 872880

*1989, 1991, 1995 Fels und Wasser (**S. 88**)
Sponsor (1995): Greaves Slate Quarries
Ausführung: Douglas G Knight

**Fiona Lawrenson** erhielt ihre Gartenbauausbildung am Merrist Wood College und sammelte im Royal Horticultural Society-Garten von Wisley Arbeitserfahrung, bevor sie sich 1991 mit ihrer Gartenbaufirma Floribunda selbstständig machte. 1994 stellte sie zum ersten Mal aus; 1996 gewann sie mit 27 Jahren Gold in Chelsea und im folgenden Jahr ein weiteres Mal. Ihre Fernsehkarriere begann 1996 mit einer wöchentlichen Sendung auf British Sky, *Gardening with Fiona Lawrenson.* 1998 übernahm sie für Channel 4 *Real Gardens.* Ihre neu benannte Firma ist auf große Gartenanlagen und Gartenrestauration spezialisiert.
Fiona Lawrenson Ltd., Thursley Lodge, Farnham Lane, Haslemere, Surrey GU27 1HA
Tel./Fax: +44 - 1428 651776

*1997 Ein Garten der Provence (**S. 104**)
*1996 Ein Häuschen in Neuengland (**S. 14**)
Sponsor: British Sky Broadcasting
Ausführung: Landmark Design and Build Ltd., Holloway Hill, Chertsey, Surrey KT16 0AE
Tel.: +44 - 1932 571477

**Arabella Lennox-Boyd** verließ ihre Heimat Rom für England, wo sie seit zwanzig Jahren Gärten entwirft. Ihre Aufträge reichen von kleinen Stadtgärten und Dachgärten bis hin zu großen historischen Landschaften, darunter Anlagen für den National Trust und Projekte in Frankreich, Deutschland, Belgien, Italien, Spanien, Mexiko, Barbados, Kanada und die USA. Sie gewann in Chelsea viermal Gold, darunter ein Best in Show (1998). Sie hält in Großbritannien und in Übersee Vorträge und ist Mitglied des English Heritage-Ausschusses für Historische Parks und Gärten. Arabella Lennox-Boyd ist Autorin zweier Bücher: *Grüne Meisterwerke* und *Private Gardens of London.*
Arabella Lennox-Boyd, 45 Moreton Street, London SW1V 2NY
Tel.: +44 (20) 7931 9995 Fax: +44 (20) 7821 6585
Email: office@alboffice.edi.co.uk

*1995 Ein Jubiläumsgarten für den National Trust (**S. 28**)
Ausführung: Michael D Chewter, 21 Lower Green Road, Pembury, near Tunbridge Wells, Kent TN2 4DZ
Tel./Fax: +44 -1892 822246
*1993 Ein romantischer Waldgarten (**S. 116**)
Ausführung: Townscapes, 30a Pimlico Road, London SW1W 8LJ
Tel.: +44 (20) 7730 4061 Fax: +44 (20) 7730 0480
*1990 Ein englischer Landhausgarten (**S. 142**)
Ausführung: Pathfinder Gardening
Alle gesponsert vom *Daily Telegraph*

**John Moreland**, 24 Alma Terrace, Penzance, Cornwall TR18 2BY
Tel.: +44 - 1736 367525

**Dan Pearson** erhielt seine Ausbildung in den Gärten der Royal Horticultural Society in Wisley, am Merrist Wood College und in den Royal Botanic Gardens von Kew und gewann Stipendien nach Spanien, Indien und Israel. Als Gartendesigner und Berater ist er in Großbritannien, Frankreich und Italien tätig; seine Schaugärten brachten ihm mehrere Medaillen in Chelsea ein, darunter einmal Gold. Seine Gartenentwürfe wurden in vielen Magazinen, darunter *Gardens Illustrated* und *Elle Decoration*, und in den Sendungen *Gardeners' World* und *The Front Garden* auf BBC 2 vorgestellt. Er hat für Channel 4 zwei Sendereihen von *Garden Doctors* geleitet und moderiert; außerdem leitete er eine eigene Sendung, *Dan Pearson: Routes Around the World.* Seit 1994 schreibt er eine wöchentliche Kolumne für die *Sunday Times*; mit Sir Terence Conran ist er Co-Autor des Buches *Garten-Ideen – Garten-Design.*
Dan Pearson, 80c Battersea Rise, London SW11 1EH
Tel./Fax: +44 (20) 7924 2518

*1996 Ein moderner Dachgarten (**S. 38**)
Sponsor: *Evening Standard ES*
Ausführung: Daniel Pearson and Yeo Associates

**Roger Platts** spezialisierte sich in seiner Gartenbauausbildung auf Großgärtnerei und war in Gärtnereien in Großbritannien und Dänemark tätig, bevor er 1989 seine eigene Gartendesign-Firma gründete. Zwei seiner drei Schaugärten für Chelsea gewannen Goldmedaillen. 1996 erstand er eine Gärtnerei in Edenbridge/Kent, die er wieder aufbaute. Diese Gärtnerei soll zu einem Ideengarten werden, in dem er Kompositionen und Attribute aus seinen Chelsea-Gärten zeigt, und außer nützlichen Ratschlägen vielerlei interessante Pflanzen anbieten, u.a. ungewöhnliche Sträucher und Stauden. Roger Platts verfügt inzwischen über ein erfahrenes Gärtnerteam, das Pflanzen zieht und am Entwurf und der Anlage von Gärten in ganz Großbritannien beteiligt ist.
Roger Platts, Stick Hill, Edenbridge, Kent TN8 5NH
Tel.: +44 - 1732 863318

*1997 Der Troggarten (**S. 92**)
Ausführung: Roger Platts Garden Design and Nurseries und Jupp & Sons

**David Stevens'** Gartenkarriere begann vor über dreißig Jahren mit praktischer Tätigkeit und gleichzeitiger Fachausbildung zum Landschaftsarchitekten. 1972 gründete er seine eigene Firma; er war Gartenberater bei dem Magazin Homes & Gardens und entwirft Gärten für Kunden in ganz Europa, Amerika, Westindien und dem Mittleren Osten. Seinen ersten Schaugarten für Chelsea baute er 1972. Inzwischen wurde er 26mal ausgezeichnet; unter seinen elf Goldmedaillen sind drei Auszeichnungen als Best in Show. Er ist ein international gefragter Berater und Redner und hält an der Middlesex University eine Professur in Gartendesign. 1997 initiierte er einen internationalen Fernstudiengang in Gartendesign. David Stevens ist Autor von siebzehn Büchern, häufiger Radiogast und hat viele TV-Sendungen und -Reihen geschrieben und moderiert, darunter *Gardens by Design* und *Gardenwise* im BBC.
David Stevens International, Corner Cottage, Thornton, Buckinghamshire MK17 0HE
Tel./Fax: +44 - 1280 821097
Email: gardens@david-stevens.co.uk

*1990 Ein Garten voller Rosen (**S. 34**)
*1992 Felskomposition (**S. 91**)
Ausführung: Class Gardens, 2 Ponsbourne Park, Newgate Street Village, Hertfordshire SG13 8QU
Tel.: +44 - 1707 874793
Beide gesponsert von B & Q plc

**Tom Stuart-Smith** ist seit 1984 als Landschaftsarchitekt tätig, hauptsächlich in historischen Gärten. Gleich zu Beginn seiner Karriere schuf er den Garten von Plumpton Place in Sussex, ein mittelalterlicher Ansitz, den Sir Edwin Lutyens wieder aufbaute. Unter anderem entwarf er einen neuen Park für Wormsley/Oxfordshire, den Gesandtschaftsgarten der Britischen Botschaft in Paris, die Verjüngung eines bedeutenden Gartens in Jersey, einen Genforschungscampus bei Cambridge für den Wellcome Trust und Arbeiten für die Royal Horticultural Society in Rosemoor/Devon. Sein eigener Garten in Hertfordshire wurde in einer Reihe von Publikationen, darunter *House & Garden, Saturday Times*, und in *Gardeners' World* im BBC vorgestellt. Er hat sich mit Todd Longstaffe-Gowan und Patrick James zur Landscape Agency zusammengeschlossen, einer Firma, zu deren Leistungen Design, Instandhaltung und Management gehören.
The Landscape Agency, Kirkman House, 12-14 Whitfield Street, London W1P 5RD
Tel.: +44 (20) 7631 3185 Fax: +44 (20) 7631 3186
Email: tom@landscapeagency.co.uk

*1998 Le Bosquet de Chanel (**S. 74**)
Sponsor: Chanel
Ausführung: Waterers Landscape Ltd, Nursery Court, London Road, Windlesham, Surrey GU20 6LQ
Tel.: +44 - 1344 628081

**Julie Toll** ist als Landschafts- und Gartendesignerin ausgebildet; ihre Arbeit hat sie durch ganz Europa, die USA und Westindien geführt. Ihr erster Chelsea-Garten 1990 gewann eine Goldmedaille; sie hat in Chelsea vier weitere Auszeichnungen in Gold und eine als Best in Show gewonnen. Ihre Entwürfe reichen von Dachterrassen über Landsitze bis hin zu Golfplätzen; eine besondere Begabung hat sie für Tier- und Wildblumengärten. Julie Toll war Co-Moderatorin der Serie *Gardens by Design* auf BBC 2 und ist eine gefragte Rednerin. Ihr erstes Buch, *Kleine Gärten*, wurde von der Royal Horticultural Society veröffentlicht.
Julie Toll Landscape & Garden Design, 44 Sefton Road, Stevenage, Hertfordshire SG1 5RJ
Tel.: +44 - 1438 318494 Fax: +44 - 1438 747518
Email: Julie.Toll@btinternet.com

*1996 Im grünen Forst (**S. 66**)
Sponsor: Pro-Carton
Ausführung: Bramble Garden Landscapes, Tree Farm, Carneles Green, Broxbourne, Hertfordshire EN10 6PW
Tel.: +44 - 1992 469825

**Xa Tollemache** studierte an der Sorbonne in Paris Kunstgeschichte. Schon immer eine interessierte Gärtnerin, erhielt sie eine praktische Ausbildung bei Roy Balaam, dem obersten Gärtner von Helmingham Hall, dem Familiensitz ihres Mannes seit 500 Jahren. Rosemary Verey betrachtete den Garten, den sie schufen, als einen der hervorragendsten des Landes; er wurde in zahlreichen TV-Programmen, Büchern und Zeitschriftenartikeln vorgestellt. Xa Tollemache schloss ihre Ausbildung als Gartendesignerin 1995 ab; sie wurde umgehend von Lord und Lady Astor beauftragt, die Neupflanzung von Ginge Manor/Oxfordshire zu entwerfen. Im folgenden Jahr baten die Astors um einen neuen Terrassengarten für Castle Heaton/Northumberland, der in der Zeitschrift House & Garden präsentiert wurde. In Großbritannien, Frankreich und den USA hat Xa Tollemache seitdem eine Vielfalt an formalen und informellen Gärten entworfen.
Xa Tollemache, Helmingham Hall, Stowmarket, Suffolk IP14 6EF
Tel.: +44 - 1473 890799 Fax: +44 - 1473 890776
Email: xatollemache@aol.com

*1997 Klassische Klarheit mit modernem Unterton (**S. 50**)
Sponsor: *Evening Standard*
Ausführung: Michael D Chewter, 21 Lower Green Road, Pembury, near Tunbridge Wells, Kent TN2 4DZ
Tel./Fax: +44 - 1892 822246

**John Van Hage** verfügt über eine umfassende Gartenbau-Ausbildung und studierte bei dem international namhaften Gartendesigner John Brookes. Gleichzeitig war er in dem Familienbetrieb Van Hage Garden Co. tätig, dessen Leitung er schließlich übernahm. Er gründete seitdem eine eigene Firma, Van Hage Design Co.; zu seinen Kunden zählen Persönlichkeiten des Showbusiness und Firmen wie Pan Britannica Industries. Zum ersten Mal stellte er 1990 in Chelsea aus; im folgenden Jahr war er mit 25 Jahren der jüngste Designer, der je bei der Schau eine Goldmedaille gewann. Zuletzt war er mit dem Entwurf und der Produktion einer CD-ROM, *The Home Garden Planner*, der Gründung einer Filmgesellschaft, Palimpsest Productions, und der Einrichtung einer Web-Seite, www.horticom.co.uk, beschäftigt.
Van Hage Design Co., 65 Ennismore Gardens, London SW7 1NH
Tel.: +44 (20) 7584 6254 Fax: +44 (20) 7823 8416

*1996 Ein japanischer Künstlergarten (**S. 102**)
Sponsor: Bio & Hillhut
Ausführung: James Steele-Sargent, 8 Willow Walk, Petworth, Sussex GU28 0EY
Tel.: +44 - 1798 343960
*1991 Best Garden in Show: Der vergessene Pavillon (**S. 146**)
Sponsor: *Express Newspapers*
Ausführung: Van Hage Garden Company, Pepper Hill, Great Amwell, Hertfordshire SG12 9RP
Tel.: +44 - 1920 870811

**Mark Anthony Walker** schloss ein weiterführendes Studium in Landschaftsarchitektur und -design ab. Nachdem er in seiner Arbeit mit Architekten und Innendesignern und einer Firma für Landschaftsdesign umfassende Erfahrungen gesammelt hatte, gründete er 1996 seine eigene Firma. Seine Arbeit und sein Erfolg bei Chelsea – er gewann viermal Gold und einmal Best in Show – begründeten seinen internationalen Ruf, und seine Klientel ist über Großbritannien, Europa und den Mittleren Osten verteilt. Zu seinen Projekten zählen ein großer Landsitz und Bürogebäudekomplex in Micklenburg bei Rostock, die Städteplanung für neue Künstlerstudios in London und vielerlei Privatgärten und Landschaftsdesign-Projekte in England und Italien.
Mark Anthony Walker, 4 The Cottages, Sergehill Lane, Bedmond, Hertfordshire WD5 0RZ
Tel./Fax: +44 - 1923 266303
Email: mark.a.walker@btinternet.com

*1998 Die Rieselwiese (**S. 126**)
Ausführung: Park Garden Services, 6 Shepherds Rise, Vernham Dean, Andover, Hants SP11 0HD
Tel./Fax: +44 - 1264 737296
*1995 Der Olivenhain (**S. 20**)
*1994 Ein klassischer Garten (**S. 148**)
Beide gesponsert von Cartier/Harpers & Queen
Ausführung beider Gärten: Clifton Nurseries, 5a Clifton Villas, London W9 2PH
Tel.: +44 (20) 7289 6851

**Robin Williams** hat in den letzten vierzig Jahren über 1.200 Gärten entworfen und in Europa, Japan und den USA Gartendesign unterrichtet. Er ist ehemaliger Vorsitzender der Society of Garden Designers (GB) und Mitglied der Association of Professional Landscape Designers (USA), die seine außerordentlichen Verdienste um den Berufszweig mit einer überraschenden Auszeichnung während ihrer Tagung in New Orleans ehrten. Er ist Autor und Co-Autor einer Reihe von Büchern, darunter *Das Handbuch der Gartengestaltung* und *Gartengestaltung: Ideen, Pläne, Anleitungen* (in der Serie *RHS Encyclopedia of Practical Gardening*), und schreibt und illustriert Artikel für *Popular Gardening* und andere Schriften. Außerdem war er Berater und Designer mehrerer Fernsehserien des BBC, darunter *Gardeners' World*. Er leitet seine internationale Beraterfirma für Landschaftsdesign gemeinsam mit seinem Sohn Robin Templar Williams, der ebenfalls als Gartendesigner ausgezeichnet wurde.
Robin Williams & Associates, Rowan House, Winterton Drive, Speen, Newbury, Berkshire RG14 1UD
Tel.: +44 - 1635 32910 Fax: +44 - 1635 36625
Email: robin@robinwilliams.co.uk

*1990 Ein Garten goldener Erinnerung (**S. 62**)
Sponsor: Enterprise Oil plc
Ausführung: Allseasons Landscapes, Prospect House, The Green, Ninfield, Battle, East Sussex TN33 9JE
Tel.: +44 - 1424 893222

# REGISTER

Die geraden Ziffen beziehen sich auf die Texte, die kursiven auf die Tabellen, die fetten auf Abbildungen.

# Bildnachweis/Danksagung

## Bildnachweis

Autor und Verlag danken den Fotografen, deren Bilder auf diesen Seiten zu sehen sind; ihre Hilfe war unschätzbar.

Malcolm Birkitt: 56
John Glover: 4, 8 (unten), 13, 17, 39, 41, 44 (unten), 45, 48, 58, 75, 98, 102, 115 (beide), 122 (oben), 123, 126, 140, 146, 150
Barry Gould: 108, 109
Jerry Harpur: 19, 26, 27, 32, 35, 36, 60, 64, 89, 90, 91, 95, 116, 117, 119, 128, 129, 132, 135, 136, 138, 142, 144, 145
Marcus Harpur: 8 (oben), 12, 47, 50, 87, 99, 103, 105, 107 (oben), 127, 139, 141 (oben)
Derek Harris: 100, 101, 122 (unten), 124
Andrew Lawson: 14, 28, 29, 33, 38, 42, 44 (oben), 46, 62, 65, 66, 78, 80, 81, 86, 114, 118, 120, 137, 147
Marianne Majerus: 10, 55, 77, 93, 104
John Moreland: 79
National Magazines/Country Living (Clive Boursnell) 72, 73
National Magazines/Harpers & Queen (Jonathan Pilkington) 22 , 148, 149
Clive Nichols: 11, 20, 24 (beide), 30, 59, 61, 70, 84, 85, 88, 97, 121, 141 (unten), 151
Jonathan Pilkington/The Interior Archive: 21, 25
Derek St Romaine: 3, 9, 15, 16, 49, 51, 52, 54 (beide), 57, 67, 68, 69, 71, 74, 76, 83, 92, 96, 106, 107 (unten), 110-111
David Stevens: 34
Juliette Wade: 7
Steven Wooster/Garden Picture Library: 43
Steven Wooster: 131, 133

Illustrationen von Karl Pitwon
Illustration auf S. 101 mit freundlicher Genehmigung von Robin Llywelyn


## Danksagung des Autors

Ich möchte allen ganz herzlich danken, die mich in den letzten fünf Jahren während der Entstehung dieses Buches moralisch und tatkräftig unterstützt haben:
Allen Mitarbeitern bei Cassell, und hier ganz besonders Maggie Ramsay, deren Unterstützung und Zeitaufwand weit über das normale Maß hinausging; den vorgestellten Gartendesignern, deren Kooperation äußerst willkommen war; allen Fotografen, ohne deren Talent dieses Buch nicht möglich gewesen wäre; und meiner Agentin, Fiona Lindsay, ohne die es nicht zu diesem Buch gekommen wäre.
Vor allem jedoch danke ich meinem Kollegen und langjährigen (fragen Sie lieber nicht nach der Zahl der Jahre) Freund David Stevens, durch den ich überhaupt erst auf Gartendesign kam und der mich mit Spiel und Spannung der Schaugärten für Chelsea bekannt machte. Ebenfalls herzlichen Dank an eine gute Freundin und Kollegin aus jenen Studienjahren, Arabella Lennox-Boyd, deren Anruf im Jahr 1989 uns beide auf den Weg zu drei Goldmedaillen und schließlich einer Gold/Best in Show brachte; diese Erfahrungen waren die eigentliche Inspiration für dieses Buch. Und schließlich ein ganz herzliches Dankeschön an meine lieben Freunde Barbara und Alan Lumsden, deren Unterstützung und Ansporn und enzyklopädische Kenntnisse von Pflanzen und allem anderen von unschätzbarem Wert waren.


## Anmerkung des Verlags

Es sind alle Anstrengungen unternommen worden, um die Korrektheit der Pflanzennamen zu überprüfen. Botanische Namen und Taxonomie unterliegen jedoch gelegentlichen Revisionen, und einige bekannte Pflanzennamen haben sich seit dem Entwurf der Gärten geändert. Hinzu kommt, dass die Listen, die von den Gartendesignern aufgestellt werden, kurzfristigen Änderungen in Abhängigkeit von der Verfügbarkeit und dem jeweiligen Zustand der Pflanzen zur Zeit des Gartenaufbaus unterliegen, und Änderungen in letzter Minute werden nicht immer nachgetragen. Die Pflanzenlisten in diesem Buch sollten daher als Pflanzvorschlag betrachtet werden, mit denen sich der gleiche Effekt erzielen lässt wie in den preisgekrönten Gärten.